Tu entrenador personal

Fernando Sartorius

Tu entrenador personal

mr · ediciones martínez roca

ADVERTENCIA: Los consejos médicos aquí incluidos no pretenden reemplazar el diagnóstico y/o el tratamiento por un médico cualificado.

Diseño de cubierta: Jordi Salvany
Fotografía de cubierta: Richard Hume
Fotografías del interior: Rubén Darío
Ilustraciones del interior: La Maquineta

Primera edición: mayo de 2001
Segunda edición: julio de 2001
Tercera edición: septiembre de 2001
Cuarta edición: octubre de 2002

Diagonal, 662-664, 08034 Barcelona
ISBN: 84-270-2666-8
Depósito legal: B. 41.237-2002
Fotocomposición: Pacmer, S. A.
Impresión: Hurope, S. L.
Encuadernación: Encuadernaciones Arte, S. A.

Impreso en España – Printed in Spain

ÍNDICE

EJERCICIOS AERÓBICOS PARA ARREGLAR TU MAQUINARIA INTERIOR

EJERCICIOS DE RESISTENCIA

JOHN SMITH

INTRODUCCIÓN

Antiguamente, no se iba al gimnasio. Las salas de ejercicio eran antros sin atractivo ninguno donde se reunían aspirantes a boxeadores y entrenadores de poca monta. Mientras las mujeres consideraban que el ejercicio físico era una actividad muy poco femenina, los hombres solían juntarse en las pistas de tenis o campos de golf, no tanto para mantenerse en forma, sino para hacer vida social.

Ahora, las cosas han cambiado. Influenciados por la televisión, el cine y las revistas que nos presentan a hombres y mujeres esbeltos, queremos un cuerpo de anuncio y estamos dispuestos a todo o casi todo para conseguirlo. Los gimnasios, centros de belleza o centros donde te enseñan a perder peso invaden las ciudades; los libros sobre dietas alimenticias ocupan cada vez más espacio en las librerías, y todos los años, cuando llega la primavera, los kioscos se llenan de revistas que prometen dietas milagrosas. Y mientras los grandes laboratorios farmacéuticos están invirtiendo miles de millones en programas de investigación con el fin de crear la píldora mágica capaz de absorber la grasa del cuerpo, nos arruinamos comprando artilugios para ejercitar los abdominales, cintas para correr y bicicletas estáticas, con el propósito bien claro de quemar la grasa excesiva, desagradable reflejo de unos hábitos de vida poco saludables. El sudor es como la unción sagrada con la que buscamos la absolución de nuestros pecados alimenticios y nos sentimos culpables si no damos tres vueltas corriendo alrededor de la manzana todas las mañanas.

El mercado de la buena forma se ha convertido en un negocio multimillonario. La afición creciente a la ropa deportiva entre los jóvenes es una prueba más de ello, que roza los límites del buen gusto y hiere el sentido común cuando los diseñadores lanzan al mercado zapatillas deportivas con tacón para que las chicas se luzcan en la pista de la discoteca: el *fitness* se ha puesto de moda. Y, con él, la comida sana. De modo que, en los pasillos de los supermercados, el consumidor de a pie se debate, aturdido, entre las mayonesas y mermeladas *light*, las distintas marcas de edulcorantes, los alimentos con alto contenido en fibra, bajos en colesterol, enriquecidos en magnesio y fósforo, sin cafeína, con hierro y vitamina C o B_{12}..., sin saber qué es lo mejor para su salud. Resumiendo: todo lo que suena sano está de moda.

Lo más sorprendente es que, pese a este interés creciente por los hábitos de vida sanos, la obesidad se está convirtiendo en un problema grave, a nivel tanto médico como económico y sociológico, en los países ricos. Las cifras no mienten: en España, el Ministerio de Sanidad se gasta alrededor de 314.000 millones de pesetas anuales para tratar las patologías y los riesgos relacionados con la obesidad: enfermedades cardiovasculares y respiratorias, disfunciones del riñón o de la vesícula biliar, propensión a la diabetes, molestias en los huesos y las articulaciones, posibles complicaciones en caso de intervención quirúrgica. Si todas las personas que hoy en día llevan una vida sedentaria adoptaran un estilo de vida más sano y más activo, se acabaría el agujero de la Seguridad Social al mismo tiempo que aumentaría la calidad de vida y el bienestar individual.

Más grave aún: si antes la obesidad afectaba mayormente a los adultos, ahora las estadísticas revelan que, a lo largo de la última década, el número de obesos entre niños y jóvenes se ha duplicado. Los padres se equivocan al pensar que sus hijos superarán sus problemas de sobrepeso cuando crezcan. Los científicos han demostrado que el número de células de grasa aumenta muy rápidamente en los primeros años de vida y se mantiene luego estable para toda la vida, de modo que si el nivel de grasa es demasiado elevado durante la niñez, siempre lo será. En otras palabras, la mayoría de los niños gordos se convertirán en adultos gordos, con dolencias físicas y conflictos emocionales relacionados con su obesidad. Normalizar su peso será un reto constante para ellos y, desgraciadamente, será muy difícil que lo consigan: cambiar unas costumbres alimenticias arraigadas desde la niñez y modificar un metabolismo muy dañado representa un esfuerzo extraordinario que no todos pueden llevar a cabo.

Ésta es la gran paradoja del mundo occidental: nos preocupamos por nuestro peso y por nuestra salud, pero estamos más gordos y en peor forma que nunca. ¿Cómo es posible? Comer sano y hacer ejercicio son las reglas básicas para estar en forma. Nada más sencillo. Entonces, ¿cómo es que, si les pedimos aclaraciones a treinta expertos diferentes (médicos, entrenadores, nutricionistas...), obtenemos treinta respuestas distintas? ¿Cómo es que la mayoría de la gente huye del gimnasio al mes de matricularse, sin resultados? ¿Cómo es que el 90 % de las personas que se ponen a dieta recupera el peso de vuelta? No es tan sencillo como parece. La gente está confundida, no consigue distinguir lo verdadero de lo falso en la maraña informativa que se le proporciona, y sigue manteniendo un estilo de vida perjudicial para su salud, sin saber al final qué es lo que debe hacer para estar realmente en forma.

Información hay, pero confusa, e incluso a veces contradictoria y errónea. Cantidad no equivale a calidad. La mayoría de las personas deseosas de ponerse en forma no tienen más remedio que elaborar su propio programa de entrenamiento, mezclando consejos de amigos con recopilaciones de informaciones sacadas de *best-sellers*, artículos de revistas o programas de televisión. Muchas veces, en vano. Aunque se tenga mucha voluntad, disciplina y motivación es muy difícil obtener resultados sin la información correcta.

Ésta es la razón que me ha motivado para escribir este libro. Quiero desbancar los falsos mitos. Deseo aclarar la gran confusión que existe sobre los conceptos de salud, grasa y delgadez. Pretendo que los lectores dispongan, por fin, de **un método realista** para conseguir un cuerpo sano en el que se encuentren a gusto.

NUESTRA OBSESIÓN POR LA GORDURA Y LA GRASA

En tu viaje hacia la buena forma física, no te olvides nunca de que tú eres más importante que tu peso. Nunca pierdas de vista tu autoestima.

Las mujeres sufren más que los hombres

- **Las mujeres tienden más a engordar que los hombres.**
- **La presión social es más fuerte sobre las mujeres que sobre los hombres.**
- **El 80% de las personas que sufren anorexia o bulimia son mujeres.**
- **Las mujeres tratan de perder peso más que los hombres en un 60%.**
- **Sólo un 13% de las mujeres españolas hace ejercicio con regularidad.**

Desgraciadamente, las mujeres se ven más afectadas por la dictadura de la delgadez que los hombres. Es una triste e innegable realidad: la sociedad perdona a un hombre maduro su tripita pero le echa en cara a una mujer sus cartucheras y su celulitis. No se le concede tanta importancia al aspecto físico de los varones, de forma que el encanto y la capacidad de seducción de un hombre no dependen sólo de si es guapo o atlético. En efecto, cuando las mujeres intentan definir qué es lo que les gusta en un hombre, emplean términos como magnetismo, madurez, encanto personal. Hablan de sonrisas, ojos, manos, humor y, a veces también, de dinero... Sin embargo, cuando un hombre considera atractiva a una mujer, casi siempre se trata de una mujer con buen tipo, independientemente de la edad que tenga.

Siendo la presión social mucho más fuerte sobre las mujeres que sobre los hombres, aquéllas les echan la culpa primero a éstos, y luego, en desorden, a las revistas, el cine, la televisión, los anuncios y las modelos demacradas que representan un prototipo de mujer que nunca podrán alcanzar. Lo curioso es que se enfadan pero a su vez intentan lo imposible para cumplir con lo que la sociedad espera de ellas. Recurren a todo tipo de dietas, de curas milagrosas, lo cual no es, ni mucho menos, la solución perfecta. Al fin y al cabo, digan lo que digan, si bien reprochan a los hombres («todos unos machistas») que sucumban a la seducción de la mujer-objeto-con-un-cuerpo-perfecto, son ellas las más críticas hacia sí mismas: «No tengo bastante pecho, estoy gorda, fofa, tengo un trasero enorme...» son lamentaciones que pueden oírse con frecuencia en las conversaciones entre amigas.

Para remediar esos problemas de peso que tanto les preocupan y acomplejan, las mujeres solicitan a menudo la ayuda de médicos o nutricionistas. Suelen acudir a los servicios de los especialistas en mayor proporción que los hombres, tal vez porque psicológicamente sufren más que ellos a causa del sobrepeso y cuando ven que, a pesar de las dietas inhumanas que se imponen a sí mismas, la aguja de la báscula no consigue bajar o, aún peor, sigue subiendo. Por supuesto, es más fácil achacarle el sobrepeso a algún problema metabólico que a una excesiva inactividad. Sin embargo, la experiencia demuestra que son una ínfima minoría las personas cuya obesidad se debe a disfunciones hormonales. La mayoría de las veces, los análisis médicos revelan que la verdadera culpable es la vida sedentaria: no quemamos las calorías que ingerimos, y este exceso de energía se convierte en grasa en nuestro cuerpo.

La mirada despiadada de la sociedad hace que las mujeres sufran más que los hombres cuando tienen que soportar unos kilitos de más. A esto cabe añadir otra injusticia: las mujeres tienden más a engordar que los hombres. La biología es la mayor responsable: por razones fisiológicas, resulta normal que la mujer tenga más grasa y menos masa muscular que el hombre. Una mujer puede pesar sólo un 10 % menos que su compañero, pero quizá su masa muscular sea inferior en un 30 % a la del hombre, y la cuestión es que el músculo es el que quema calorías. La culpa la tienen las hormonas. Mientras que las masculinas favorecen el aumento de la masa muscular y la reducción del nivel de grasa, las hormonas femeninas fomentan el almacenamiento de grasa. El reparto de tareas que existió miles de años atrás, en la época de las cavernas, pudo haber originado esta diferencia entre géneros: ellos, cazadores y guerreros, necesitaban fuerza, es decir, músculos, para perseguir a los animales y proteger a la tribu, mientras que ellas precisaban reservas de grasa para dar calor y alimentar a los hijos que criaban en su interior. La genética es despiadada, injusta quizá, pero las cosas son como son: **las mujeres engordan más fácilmente que los hombres**.

Por regla general, los hombres queman aproximadamente una media de 50 calorías por hora más que las mujeres.

Asimismo, por si fuera poco, los hábitos sociales femeninos no contribuyen a la buena salud del organismo: para luchar contra esa desagradable tendencia a engordar, las mujeres suelen apuntarse a las dietas que les proponen las revistas o que les recomiendan las amigas. Estar a régimen se convierte en un estilo de vida. Es lo único que hacen. La dieta es como una vocación o un pasatiempo. La talla de sus pantalones es una verdadera pesadilla que les asalta cada vez que entran en una tienda de ropa o piensan la lista de la compra, cada vez que van a un buen restaurante o reciben invitados a cenar. No viven. Lo más triste es que, como explicaré más adelante, no solucionan su problema sino que lo empeoran: adelgazan, vuelven a engordar, adelgazan de nuevo..., debilitando así su metabolismo. Su obsesión por el peso daña seriamente su salud física, mental, social y emocional: son auténticas víctimas de la tiranía de la delgadez.

En cuanto al ejercicio físico, está relativamente arraigado en las mentalidades considerado más propio de hombres que de mujeres, aunque, por fortuna, con el reciente auge del *fitness* parece que las cosas están cambiando. Hoy empiezan a preocuparse tanto por su salud como por su aspecto físico. Quieren que los vaqueros les sienten bien pero se niegan a desfallecer de inanición. Por su parte, los hombres reconocen que prefieren las mujeres con un cuerpo atlético, sano y tonificado, a las modelos demacradas y con aspecto enfermizo de las revistas. No obstante, se trata de una evolución todavía incipiente. Tradicionalmente, las mujeres suelen desahogarse charlando y contando sus cosas alrededor de una merienda, mientras que los hombres se juntan para echar una partida de tenis o de fútbol. Las mujeres se obsesionan por su aspecto exterior olvidando que depende directamente de la buena salud de su cuerpo. Desde muy pequeñitas, se les ha enseñado que podían modificar su apariencia, mejorarla. Alargar las pestañas con máscara, darle más brillo a su pelo con una loción..., en pocas palabras: realzar sus bazas y disimular sus imperfecciones. Mediante la misma estrategia, se las arreglan para aparentar un buen tipo eligiendo las prendas que más les favorecen y disimulan las redondeces molestas, porque saben lo cruel que puede ser la mirada de la gente para las mujeres que tienen unos kilos de más. Llenan sus armarios de ropa fluida y amplia, y, ¡cuán equivocadas están!, pasan del ejercicio, que es el único modo para, de verdad, conseguir una buena figura.

«La ropa me sirve para disimular mi cuerpo. Prendas fluidas y amplias. Nada ajustado. Nada que deje ver mis chichas.» **(Concha)**

En resumen, cuatro factores explican por qué las mujeres tienden a engordar más que los hombres:

- las hormonas femeninas,
- tener menos músculo,
- una dieta desequilibrada,
- falta de ejercicio.

El primer factor es lo que determina que una mujer sea mujer. Siempre llevará más grasa que un hombre, por más que se esfuerce. Ahora bien, la incidencia de los tres factores restantes depende de cada una.

Las mujeres engordan en forma de pera, los hombres en forma de manzana

- **Los depósitos de grasa de los hombres son diferentes de los de las mujeres.**
- **Los hombres suelen acumular grasa en la tripa.**
- **Las mujeres suelen acumular grasa en la parte inferior del cuerpo.**

Las mujeres no sólo engordan más fácilmente que los hombres, sino que también engordan de un modo distinto. ¿Te has fijado en lo delgadas que son las piernas del típico hombre con la tripa colgándole sobre el cinturón? Los hombres tienden a acumular la grasa en la parte superior del cuerpo, principalmente en la zona abdominal.

Así, sus brazos y piernas siguen delgados, mientras la grasa se distribuye alrededor del estómago. Una manera muy gráfica de expresarlo es decir que tiene «cuerpo de manzana». En cambio, las mujeres tienden a almacenar la grasa en la parte inferior del cuerpo, principalmente en las caderas, nalgas y muslos. Se dice entonces que tienen «cuerpo de pera». Sólo cuando ya han acumulado un gran exceso de grasa en la parte inferior del cuerpo, las mujeres empiezan a engordar debajo de los brazos, en el cuello y la cara.

- **La configuración de manzana corresponde a la obesidad de los hombres u obesidad androide.**
- **La configuración de pera corresponde a la obesidad de las mujeres u obesidad ginoide.**

Considero oportuno recalcar los mayores riesgos que comporta la obesidad androide u obesidad de la parte superior del cuerpo: las personas que la padecen son más propensas a las enfermedades coronarias, la hipertensión o la apoplejía. Puede ser la consecuencia de la gran proximidad de los depósitos de grasa con el aparato circulatorio.

Las mujeres engordan más fácilmente que los hombres... y les cuesta más adelgazar

- **Es más fácil para un hombre quitarse la grasa del estómago que para una mujer quitarse la grasa del culo y de las caderas.**

La grasa se acumula rápidamente en la tripa de los hombres..., pero también desaparece con facilidad. Un hombre que lleve una vida excesivamente sedentaria y sea aficionado a las comilonas notará rápidamente las consecuencias de sus malos hábitos al abrocharse el cinturón. Pero si decide cambiar su estilo de vida, cuidar su alimentación y hacer ejercicio físico, en muy poco tiempo perderá la grasa acumulada y recuperará su figura. Una suerte de la que no gozan las mujeres.

En efecto, a ellas les resulta mucho más difícil reducir la grasa de las piernas y de las caderas. Aunque mantengan una alimentación muy sana y equilibrada, aunque hagan ejercicio religiosamente, y aunque parezcan estar en forma, sus piernas no soltarán la grasa con tanta facilidad. Son dos los hechos que explican esta otra injusticia: 1) en el caso de la obesidad androide, interviene una enzima que permite vaciar más rápidamente los tanques de grasa; esta enzima no actúa en la obesidad ginoide; 2) si las mujeres creen que la grasa de sus piernas y de sus caderas ha hecho una aparición repentina, están equivocadas. Mientras la grasa se acomoda en muy poco tiempo en la tripa de los hombres, en el caso de las mujeres es el resultado de un proceso mucho más largo, que empieza temprano. En el cuerpo de la mujer joven que lleva una vida sedentaria se producen cambios hormonales que originarán la acumulación aparentemente rápida de grasa en sus piernas y caderas experimentada años más tarde. De este modo, sus depósitos de grasa tardan en rellenarse..., pero también tardan en vaciarse.

Es importante tener en cuenta este dato a la hora de emprender un programa de entrenamiento, para no desanimarse. En Los Ángeles, una clienta mía, Ana, vino un día a verme quejándose: «Hago lo que me has dicho: ejercicios de piernas, ando, hago bicicleta, pero no adelgazo en las piernas». Le expliqué que era muy normal, que debía tener un poco más de paciencia. De hecho, si una mujer obesa empieza a correr o a hacer bicicleta durante seis meses (ejercicios de piernas), lo más probable es que primero note una disminución del volumen de la parte superior de su cuerpo, e incluso un aumento del tamaño de sus piernas. Éste no ha de ser un motivo para abandonar. Ciertamente, aunque practique un ejercicio que requiera el trabajo de las piernas, al principio no perderá grasa en esta parte del cuerpo sino en los brazos y la cara. Independientemente del tipo de dieta o de ejercicio, los depósitos de grasa de las piernas y del trasero no suelen bajar antes de que se hayan reducido los niveles de grasa de la parte superior del cuerpo. Es injusto, pero así es: es más fácil para un hombre quitarse la grasa del estómago que para una mujer quitarse la grasa del culo y de las caderas, aunque es cierto que puede haber excepciones, ya que también influyen el nivel de hormonas y los genes de las personas.

Ten en cuenta que el cuerpo elige él solo las zonas donde se abastece de combustible. No lo decides tú. Debes tenerlo siempre presente en la mente para no desanimarte al empezar un programa de entrenamiento.

No hay atajos que valgan para eliminar la grasa

- **La grasa no se quita frotando.**
- **La grasa no se derrite.**
- **Sólo el ejercicio físico elimina la grasa para siempre.**

Ya que la grasa se concentra en zonas específicas del cuerpo, la mayoría de la gente piensa que es posible eliminarla superejercitando dichas zonas. Aunque estén equivocados, resulta fácil entender por qué son tantos los que están convencidos de que se puede quitar la grasa en partes concretas del cuerpo. Las mujeres (sobre todo) se han acostumbrado a jugar con su apariencia y a cambiar lo que no les gusta de su físico: darle brillo o cambiarle el color al pelo, alargar las pestañas con rímel, depilarse las piernas y las axilas, ponerse hombreras, sujetadores o panties que modelan la figura... Lo cual explica que muchas –y muchos también– hayan llegado a creer que no hay nada más sencillo que eliminar la grasa sólo de esos lugares donde más desagrada: la tripa, los muslos, las caderas... Pero no es así. De ser posible, una persona mofletuda podría reducir el tamaño de sus carrillos mascando chicle. Sin embargo, la gente sigue convencida de que puede adelgazar sólo en los muslos o en la cintura si se lo propone. Cree que estas partes del cuerpo, si son superejercitadas, masajeadas, cremadas y no sé qué más, acabarán por desaparecer.

Tanto los hombres, obsesionados por los depósitos de grasa de su estómago, como las mujeres, preocupadas por los de las caderas y de las piernas, se dejan seducir y engañar. Todos y todas se abalanzan sobre la amplia gama de productos que prometen eliminar las molestas chichas y los funestos michelines en un abrir y cerrar de ojos. Es cuando empieza la tremenda ronda de las dietas milagrosas, las cremas anticelulíticas, las fajas y los pantalones de plástico para sudar..., un sinfín de productos y artilugios prodigiosos basados en la falsa creencia de que se puede perder grasa en determinadas partes del cuerpo. Piensan que de este modo conseguirán acelerar el tan ansiado proceso de adelgazamiento, quizá incluso sin excesivo esfuerzo. O bien se arman de valor y acuden en manada a los gimnasios donde se dedican de modo obsesivo y compulsivo a hacer ejercicios específicamente enfocados para perder tripa (en el caso de los hombres) o culo (en el caso de las mujeres). Aunque reconozco que esto último es más loable, porque permite tonificar los músculos, debo decir que tampoco funciona. Que yo sepa, liposucción aparte, nada sirve a la hora de eliminar selectivamente la grasa en partes determinadas del cuerpo.

La grasa de tu estómago o de tus caderas es un síntoma localizado de un desorden sistemático. Tiene que ser tratado sistemáticamente con ejercicio para cambiar la química muscular y con una dieta equilibrada para reducir el nivel total de grasa.

Métodos pasivos y métodos activos

MÉTODOS PASIVOS

- Rollers
- Vibradores
- Saunas
- Cremas
- Masajes
- Fajas
- Trajes de plástico
- Estimuladores eléctricos
- Otros

Éstos son algunos de los métodos que yo llamo «pasivos». Aunque resultan perfectamente inútiles para perder grasa, no creo que sea una pérdida de tiempo repasar algunos de ellos, dado que tienen muchos aficionados.

Los masajes

Mi prima Elena me llamó ayer por teléfono, entusiasmada: «Fernando, ¡he encontrado un masajista genial! Hace masajes que diluyen la grasa por el cuerpo. Por fin voy a tener las piernas más delgadas». Tuve que desengañarla: el cuerpo no es un filete, y el masajista no es un carnicero que enternece la carne. La grasa no se puede «batir» o triturar. Es imposible destruir los bultos acumulados en las caderas. Si así fuera, sólo con tumbarte boca arriba y empezar a dar golpes en el suelo con el culo, podrías liquidar la grasa que te molesta.

Los masajes son fantásticos: alivian el estrés acumulado durante el día y, después del ejercicio, quitan tensión en los músculos. Es una manera fabulosa de relajarse. Ahora bien, no te engañes a ti mismo: no sirven para eliminar la grasa. Como dice mi amigo, el doctor Durantes, el único que adelgaza en el masaje es... ¡el masajista!

Las fajas y los trajes de plástico para sudar

El otro día, me disponía a jugar un partido de tenis con un amigo cuando le vi llegar con una faja de goma alrededor de la cintura. «¿Y eso?», le pregunté. «Así voy a sudar más, y seguro que pierdo los kilos que tengo acumulados en el estómago.» ¡Craso error! Lo mismo les sucede a las mujeres que se imaginan que van a reducir el tamaño de sus piernas por llevar pantalones de plástico mientras hacen bicicleta o pasan la aspiradora. Es irracional creer que el sudor se lleva la grasa. ¿Cómo podría ser? La grasa se derrite a 360 °... Ninguna faja, por mucho que caliente, ningún pantalón de plástico, por mucho que haga sudar, ayudará a nadie a quemar grasa. Lo que se pierde es agua y... ¡energía! En efecto, al hacer ejercicio enfundado en un traje de plástico, se pierden las sales minerales necesarias para la contracción muscular, lo cual disminuye el rendimiento. Por si fuera poco, las enzimas que se encargan de las reacciones químicas responsables de la combustión de las calorías trabajan de un modo menos eficiente. Son herramientas delicadas que necesitan una temperatura determinada para desempeñar adecuadamente su tarea. En definitiva, al final se quema menos grasa.

De este modo, no intentes engañar a tu cuerpo imponiéndole temperaturas artificiales que le hacen sufrir en balde. No dará resultado. Lo único que conseguirás es convertirte en una persona deshidratada y gorda. **No puedes sudar grasa**.

Saunas y baños de vapor

Por esas mismas razones, es una pérdida de tiempo intentar perder grasa en las saunas y los baños de vapor. La grasa no se evapora. Lo que se pierde es agua, que se recupera en seguida.

MÉTODOS ACTIVOS

- **Los ejercicios de abdominales no quitan la grasa del estómago.**
- **Los ejercicios para los glúteos no quitan la grasa del culo.**

Lo que yo llamo «métodos activos» son aquellos ejercicios físicos enfocados para perder volumen en tal o cual parte del cuerpo. Están basados en la ya comentada falsa creencia de que si ejercitas los músculos donde se ha depositado la grasa, ésta desaparece. Los hombres tienen tripa, así que hacen abdominales. Las mujeres acumulan la grasa en las caderas y las piernas, de modo que se dedican a contraer las nalgas, a levantar las piernas, a realizar series de abductores... Resultado: para los primeros, unos abdominales fuertes, pero cubiertos de una capa de grasa; para las otras, unas piernas más musculosas, pero con la misma capa de grasa.

Estos métodos, por muy activos que sean, no funcionan. ¿Por qué? Porque da igual dónde esté localizada la grasa: pertenece a todo el cuerpo. Es una idea equivocada creer que ejercitando determinados músculos se podrá perder la grasa que está depositada en ellos. Lo que se consigue es desarrollar un músculo determinado, pero la grasa que lo envuelve no desaparece, ya que la grasa subcutánea que se ha depositado sobre un músculo no pertenece a este músculo: pertenece al cuerpo entero. La grasa es como la sangre. Si te cortas la muñeca, la sangre que fluye no es «sangre de la mano» o «sangre de la muñeca». La sangre que corre en tu mano es sangre del cuerpo. La grasa que cubre los músculos de tu pierna es grasa del cuerpo.

Ahora, es verdad que si ejercitas los abdominales durante años tendrás un estómago duro. Pero no habrá desaparecido la grasa, sino que se habrá desarrollado el músculo. No digo que debas abandonar los ejercicios diseñados para zonas específicas del cuerpo. Son fantásticos para tonificar los músculos, pero, primero, debes reducir tus niveles de grasa.

Insisto y repito: **no se puede eliminar la grasa de algunas partes concretas del cuerpo, sea por métodos pasivos o activos**. La grasa no se puede derretir. La grasa no se quita frotando. La grasa en tus piernas no es la grasa **de** tus piernas: es grasa; la grasa en tu estómago no es la grasa **de** tu estómago: es grasa. Cuando corres, el músculo de tu pierna no dice: «Oye, mándame grasa de la pierna». Al músculo le da igual que tú quieras ponerte en bikini este verano y ostentar unas piernas diez. Lo que quiere el músculo es energía, y punto. Así que dice: «Mándame grasa de donde sea». Luego, si el ejercicio dura lo suficiente, y si se practica con la necesaria intensidad, el cuerpo tendrá que acudir a los depósitos de grasa para suplir sus necesidades de calorías. Recuerda que el orden de prioridades de tu cuerpo no coincide con el tuyo. No hay ninguna razón para que empiece a buscar combustible en zonas concretas como son los muslos o el estómago.

El cuerpo no tiene en consideración tus preferencias. Cuando haces ejercicio, el cuerpo quema la grasa donde él quiere, donde toque, no donde tú eliges.

Resumiendo: no hay atajos que valgan para eliminar la grasa. No escuches a los personajes famosos que te explican que si una vez al día reemplazas la comida por un batido de chocolate hipocalórico, en dos semanas perderás cinco kilos. Deja de comprar esos libros en los que explican con la mar de detalles cómo han conseguido perder tantos kilos en tan poco tiempo, suprimiendo tal o cual alimento de su dieta alimenticia. Ríete de estos chicos con estómagos superplanos y chicas con piernas de ensueño que anuncian en televisión unos aparatos que transmiten pequeños electrochoques para quemar la grasa, y te prometen que si los utilizas diez minutos al día tendrás un cuerpo como el suyo. ¡Menudo timo! A este paso, cualquier día intentarán vendernos una aspiradora de grasa...

Si lo piensas bien, todos estos artilugios «milagrosos», estos métodos «fantásticos», no son más que engañabobos. Los únicos que sacan provecho de ello son los comerciantes. Saben que la gente desea parecerse a esos seres perfectos que salen en televisión. Saben también que la gente está cada vez más concienciada de la importancia del cuidado del cuerpo y quiere ponerse en forma. Te hablan de *salud*, de *bienestar*, de *vida sana*, pero sólo son palabras. En realidad, no tienen en cuenta tus intereses, no se preocupan por tu salud, y se aprovechan de tu ignorancia para sacar pingües beneficios. Venden sus aparatos, sus libros, sus cintas de vídeo, sus revistas y construyen verdaderos imperios sobre el boom del *fitness*.

Los mismos que te convencen de que la felicidad depende de la estética te venden los supuestos métodos para conseguir esa belleza corporal que tanto deseas.

Estos negociantes sin escrúpulos están haciendo su agosto aprovechándose de tus complejos y de tus deseos. Es hora de que sepas la verdad y aprendas cómo ponerte realmente en forma.

¿Y la liposucción?

- **La eficacia de la liposucción depende de tu forma física.**

Si estás en forma, te repones más rápidamente de cualquier percance de salud (enfermedades, operaciones) o de cualquier otra forma de estrés que impongas a tu cuerpo. Por eso, cuando algunas clientas vienen a preguntarme por la liposucción, les explico que, antes que nada, deben ponerse en forma. La liposucción es una opción muy eficiente para deshacerse de las chichas y las cartucheras, pero sus efectos son de muy corta duración si el cuerpo no procesa bien la grasa. Si quieres –y si puedes–, consulta a un especialista en cirugía estética. Pero primero ponte en forma.

«Estoy delgada pero blanda»

Tú también puedes estar obeso. No depende de cuánto pesas, sino del porcentaje de grasa que tienes en el cuerpo.

Hace unos meses, estuve en una fiesta y me encontré con una amiga. Hacía tiempo que no la veía. «Hombre, Fernando, ¿qué tal estás? Me he enterado de que has vuelto a España y que eres entrenador. Bla, bla, bla...» La conversación iba sobre ruedas, cuando de repente me dijo: «Mira, yo no hago nada de ejercicio, no lo necesito para nada, ¿ves?». Es verdad que aparentaba muy buen tipo y la ropa le quedaba estupendamente, pero eso no significa nada. Aunque podía haberme callado, no lo hice. ¡Vaya lío se armó cuando le dije que, a pesar de las apariencias, podía estar gorda, que su caso era muy típico de las chicas de su edad (tenía 24 años), que saben esconder su flaccidez en los modelitos que se compran, y que aparentan un buen tipo cuando en realidad están gordas! **Estar fláccido y estar gordo viene a ser lo mismo: es la consecuencia de un exceso de grasa**. Se enfadó muchísimo conmigo: «¡Me estás llamando gorda!». Y se zanjó la conversación cuando le dije: «Si no estás gorda, ¿cómo es que tus carnes se tambalean cuando te mueves?».

Muchas personas, como esta amiga mía, creen que por el hecho de estar delgadas no están gordas. Aunque parezca extraño, están equivocadas. Otro ejemplo es el de una famosa actriz que cuento entre mis amistades. Hace poco tiempo, en una fiesta en la que coincidimos, esta mujer, muy guapa por cierto, me dijo: «¿Has visto, Fernando, lo bien que me he quedado con la dieta?»; no pude hacer más que contestarle: «Sí, estás muy bien, tienes buen tipo, con la ropa y todo, pero eso no quita que puedas estar blanda. Con las dietas, consigues perder peso, pero la tendencia a engordar sigue ahí».

No dudo que muchos de los lectores y lectoras entiendan muy bien lo que intento explicar. Querida lectora, seguro que ya te ha pasado algo parecido a lo siguiente. Hablando con unas amigas, ya les dijiste un par de veces que querías adelgazar, que te sentías gorda. Y todas pusieron el grito en el cielo: «Pero, ¡estás loca! Tú estás muy bien». Lo que pasa es que tú, cuando te miras desnuda al espejo, lo que ves es un cuerpo fláccido, blando, sin tono muscular. La ropa no te queda tan bien como quisieras. Te ves blanda y, siento decírtelo, es por tus altos niveles de grasa. Pasa lo mismo con los hombres. Un hombre alto y bien trajeado puede aparentar delgadez y engañar a los demás, pero no se engaña a sí mismo: cuando se mira al espejo, se fija en esa tripa incipiente que estropea su figura y en su cuerpo falto de tono muscular.

Delgadez y exceso de grasa no son incompatibles. Puedes pesar 50 kg y ser todo grasa, tener las carnes fláccidas y estar en muy mala forma. Puedes pesar 50 kg y ser todo músculo, estar duro, tonificado y en buena forma. Una persona puede ser grande sin ser gorda. Otra puede ser diminuta y ser gorda. Hay atletas profesionales que llegan a pesar más de 100 kg. Es el caso de algunos boxeadores, jugadores de fútbol americano, lanzadores de peso. Pesan mucho pero no están gordos, no tienen nada de grasa. Sin embargo, al oír la cifra de 100 kg, mucha gente opina que están gordos. En cambio, te sorprenderás si te digo que una mujer de 50 kg puede estar gorda. Tiene gracia, porque cuando hablo de obesidad muy pocos son los que se sienten aludidos. Deberían. Los obesos no sólo son aquellos norteamericanos enormes que se atiborran de hamburguesas y patatas fritas y que ves moverse con dificultad en reportajes de televisión. La obesidad de una persona se mide por el porcentaje de grasa que tiene en el cuerpo, no por su peso.

- **Estar flaco y no tener grasa no son sinónimos.**
- **Se considera que una persona es obesa cuando su cuerpo contiene un porcentaje de grasa demasiado elevado.**

Entre mis clientes se encuentran modelos y actrices, mujeres cuyo aparente buen tipo suscita envidia entre sus congéneres. Te preguntarás: ¿por qué van a ver a Fernando? Porque la moda ha cambiado. El *look* demacrado y enfermizo a lo Kate Moss ya no se lleva: la tendencia actual es un cuerpo delgado, pero definido y tonificado, un cuerpo sano. Estas mujeres parecen delgadas porque viven –o más bien sobreviven– entre 500 y 800 calorías al día, pero no están en forma. Cuando les mido la grasa, se quedan sorprendidas... y horrorizadas: tienen más de un 30 % de grasa en el cuerpo. Casi la tercera parte de su cuerpo es tocino, mantequilla, grasa. **Técnicamente, son obesas**. Su aspecto delgado nada tiene que ver con la grasa y mucho con la falta de músculo. Si quieren conseguir un cuerpo a la vez sano y atractivo, que no esperen ningún milagro. Yo les puedo ayudar, pero ellas son las que tienen que ponerse manos a la obra. Lo que necesitan es imponer un cambio drástico a su vida: alimentarse correctamente y hacer ejercicios de resistencia para tonificar sus músculos. Paciencia, trabajo, vida sana: una regla de tres que siempre da resultados.

Historias de la báscula

- **Lo que importa realmente no es una cifra determinada en la báscula, sino tener buen aspecto, estar sano y sentirse vital y enérgico.**
- **La báscula no es un instrumento fiable para medir el nivel de salud de una persona.**
- **La báscula no mide el porcentaje de grasa del cuerpo.**
- **Muchas personas creen que perder peso equivale a comprobar que la aguja de la báscula ha bajado en comparación con la semana anterior. No les importa saber qué han perdido, siempre que su cuerpo pese menos kilos que antes. No les interesa el cómo y el por qué, sino que no hacen más que obsesionarse por el resultado.**
- **¿Has perdido cinco kilos...? ¿Cinco kilos de qué?**

La báscula no es un instrumento fiable para medir el nivel de salud de una persona. Tengo amigos que padecen algo de sobrepeso y amigos muy delgados. Pues bien, entre los primeros, algunos gozan de una salud estupenda, mientras que entre los otros, no son pocos los que mantienen una higiene de vida pésima.

Conozco a un chico que sale todas las noches y nunca se acuesta antes de las cuatro de la madrugada. Fuma, bebe alcohol, toma porros, y come lo peor que ofrece la industria de la comida basura. Duerme muy poco. Todos los días se levanta a las ocho para ir al gimnasio antes de empezar su jornada de trabajo. Casi me atrevería a decir que es el único hábito saludable que tiene. Cuando empezó a entrenar conmigo, pesaba 90 kg. Era un chico alto y apuesto. Sus niveles de grasa rondaban entonces el 20 % (el porcentaje de grasa saludable para un hombre es de aproximadamente un 15 %). Ahora, pesa 75 kg, pero sus niveles de grasa no han bajado. Hace mucho ejercicio aeróbico, y lo que está perdiendo no es grasa, sino tejido muscular. En realidad su estado físico ha empeorado. Es cierto, este chico está delgado. Pero no está en forma. No engorda simplemente porque está llevando al límite la capacidad de aguante de su cuerpo. Su organismo lucha para sobrevivir.

Estar delgado no significa estar sano. No obstante, los medios de comunicación nunca hablan de niveles de grasa, sino de *peso*, siempre de *peso*. De modo que la gente se obsesiona por su *peso* y se engancha a la báscula como a una droga. ¿Para qué, si lo molesto y peligroso no es el sobrepeso, sino la *sobregrasa*? Cuando vas a la carnicería y compras un filete de ternera, no compras el que menos pesa asumiendo que tiene menos grasa. Compras el que tiene menos grasa, y poco te importa lo que pesa. Entonces, ¡¿por qué no consigues meterte en la cabeza que pasa lo mismo con tu cuerpo?! Estar en forma y tener bajos niveles de grasa no tiene nada que ver con la cifra que aparece en la pantalla de la báscula.

Pero no hay nada que hacer, todos los días del año, en el gimnasio, veo a hombres y mujeres que se pesan después de su sesión de ejercicios y salen encantados si han perdido un kilo. Todas las mañanas, los *basculadictos* de este mundo no pueden evitar subirse a este artefacto. ¡¿Quién no tiene báscula?! Si la pantalla indica una cifra menor a la del día anterior, saltan de alegría. Si pesan un kilo más, se deprimen y juran que van a empezar una dieta... ¡ya! ¿Cómo pueden asumir tan fácilmente que este kilo perdido es un kilo de grasa? La báscula no detalla la composición del cuerpo. La báscula no indica la proporción de grasa, músculo, órganos, huesos y agua del cuerpo, cuando lo fundamental es precisamente eso.

Lo fundamental no es el peso total, sino la proporción de grasa en el cuerpo. Por eso, cuando alguien me anuncia con cara de felicidad: «¡He adelgazado cinco kilos!», le pregunto: «¿Cinco kilos de qué?». Perder cinco kilos puede ser bueno o malo, depende de si son cinco kilos de grasa o cinco kilos de músculo. **Perder peso no debe considerarse siempre un dato positivo**. Aunque peses menos que hace dos años, si lo que tienes es más grasa y menos músculo, si te cansas más que el año anterior, ¡tu cuerpo no sólo está en peores condiciones que antes sino que también se ve peor! Por más que te esfuerces, tus vaqueros ceñidos te hacen un trasero enorme. ¿Por qué? Porque la grasa abulta. Deberías fiarte más del juicio de tus vaqueros que de la báscula. **La grasa pesa menos que el músculo... pero ocupa más espacio**.

Al empezar un programa de entrenamiento, lo normal es que aumente la masa muscular. Por consiguiente, a pesar de la pérdida de grasa, los cambios aparentes que experimenta el peso total del cuerpo son mínimos, y son muchas las personas que se desalientan al comprobar que la aguja de su báscula casi no se mueve. Sin embargo no deben desanimarse porque van por muy buen camino.

La manera correcta de perder peso es: reducir los niveles de grasa y desarrollar el tejido muscular. Cuando el cuerpo se haya adaptado al ejercicio, el desarrollo de la masa muscular se ralentizará, pero la eliminación de la grasa acumulada continuará. Entonces la báscula sí reflejará los cambios que ocurren dentro del cuerpo, mientras los vaqueros evidenciarán la notable mejoría exterior.

Olvídate del peso y concéntrate en rebajar los niveles de grasa a medida que mejoras tu forma física. Vale más el juicio de tus vaqueros que el de la báscula.

Determina tu peso ideal

- **Para determinar tu peso ideal y saludable, es más importante saber cuánta grasa tienes que cuánto pesas.**
- **En tu cuerpo se diferencian dos partes:**
  - **la parte grasa: la que debes reducir,**
  - **la parte magra: la que debes desarrollar.**

¿Cómo se mide la grasa del cuerpo?

Como hemos visto, cuando te pesas en la báscula, la cifra que aparece en la pantalla indica tu peso total pero no te da la composición de tu cuerpo, es decir, la proporción de grasa, de músculos, órganos, huesos, agua... Para determinar tu peso ideal, el que corresponda a un estado de bienestar saludable, hay que diferenciar dos partes en el cuerpo:

- **La «masa grasa»**: por decirlo de alguna manera, es el «depósito de combustible» del cuerpo. No quema calorías, las almacena. Por eso se dice que no es un tejido metabólicamente activo. Se acumula debajo de la piel (grasa subcutánea), entre las vísceras, en los músculos. Aunque un poco de grasa es imprescindible para el organismo, su exceso acarrea enfermedades más o menos graves, además de modificar el aspecto exterior del cuerpo. Ésta es la parte que hay que reducir tanto para estar en forma como para conseguir un cuerpo definido (siempre y cuando tengas músculos tonificados debajo que realcen tus curvas naturales).

- **La «masa magra»**: es el tejido metabólicamente activo porque consume calorías. Como explicaré a continuación, es el motor del cuerpo, el que quema el combustible. La parte magra es la parte «buena», la que no hay que perder: músculos, órganos, huesos... Podemos decir que la parte magra es todo lo que tú eres sin la grasa. Realza las curvas naturales del cuerpo y quema calorías, por lo cual cuanto más desarrollada y sana se halle tu parte magra, más en forma estarás y mejor tipo tendrás. La parte magra determina la cantidad de calorías que puedes ingerir. La mayoría de las personas que se someten a dietas relámpago pierden peso rápidamente, pero lo que pierden, aparte de agua, es precisamente masa magra (músculo). En consecuencia, el potencial de combustión de su cuerpo disminuye, y por eso vuelven a ganar peso en seguida.

Se han elaborado distintos métodos para calcular la proporción de parte magra y parte grasa en el cuerpo. Uno de ellos, llamado «método del tanque de agua», consiste en pesar el cuerpo sumergido en el agua: se mide la densidad del cuerpo así como su gravedad, empleándose luego estas medidas para determinar la proporción de músculos, órganos y huesos (parte magra) y de grasa en el cuerpo. Se trata de un método muy eficiente, pero requiere un equipo sumamente sofisticado y, que yo sepa, no se encuentra en España. Existen también otras técnicas que utilizan la electricidad o los ultrasonidos, pero son muy caras y difíciles de llevar a la práctica.

El método que yo suelo utilizar con mis clientes es el método del **calipómetro** (véase ilustración). Es el más barato y el más sencillo, y es tan eficaz como el método del tanque de agua. Consiste en medir la grasa subcutánea en partes determinadas del cuerpo, pellizcándola con un instrumento llamado calipómetro. Entonces se calcula la cantidad total de grasa en el cuerpo. Se considera que un 15 % de grasa para un hombre adulto, y un 22 % para una mujer adulta, es una proporción saludable: el sujeto no tiene exceso de grasa. Un porcentaje superior a un 20 % para un hombre y a un 30 % para una mujer indica un nivel de grasa demasiado alto, es decir, obesidad. Repara en el cuadro siguiente para ver cuál debe ser el porcentaje ideal de grasa en el cuerpo.

	Mujer (%)	Hombre (%)
Muy poca grasa (cuerpo definido y abdominales marcados)	14 - 16,9	7 - 9,9
Poca grasa (cuerpo definido)	17 - 19,9	10 - 12,9
Persona sana	20 - 23,9	13 - 16,9
Persona gordita. Leve exceso de grasa. ¡Cuidado!	24 - 26,9	17 - 19,9
Demasiada grasa (cuelgan las carnes al andar)	27 - 29,9	20 - 24,9
Persona obesa. Peligro para la salud	30 y más	25 y más

Me imagino que no tienes calipómetro en casa. Pero existe una alternativa casera: mira tu cuerpo desnudo en el espejo. Observa tu cintura, tu tripa, tus caderas, tus nalgas, tus muslos. Si puedes pellizcar unos 2,5 cm de grasa en estas zonas, significa que tienes demasiada grasa en el cuerpo.

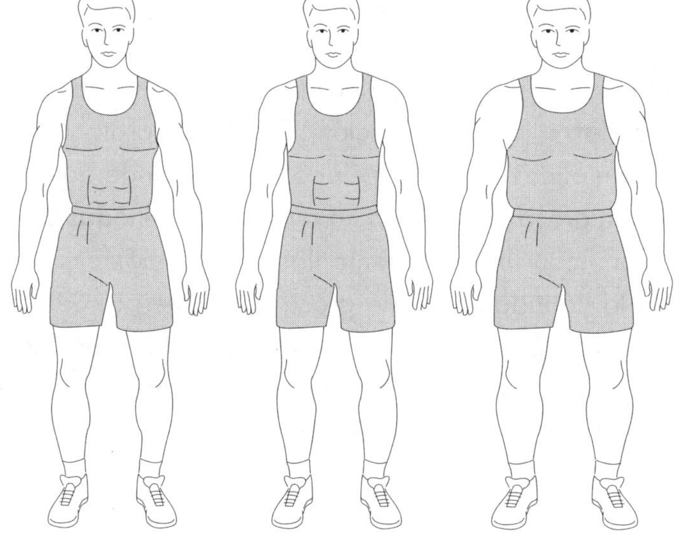

10 % atleta | 15 % óptimo | 25 % alto

17 % atleta | 23 % óptimo | 32 % alto

Tantos por ciento de grasa corporal para el hombre y la mujer.

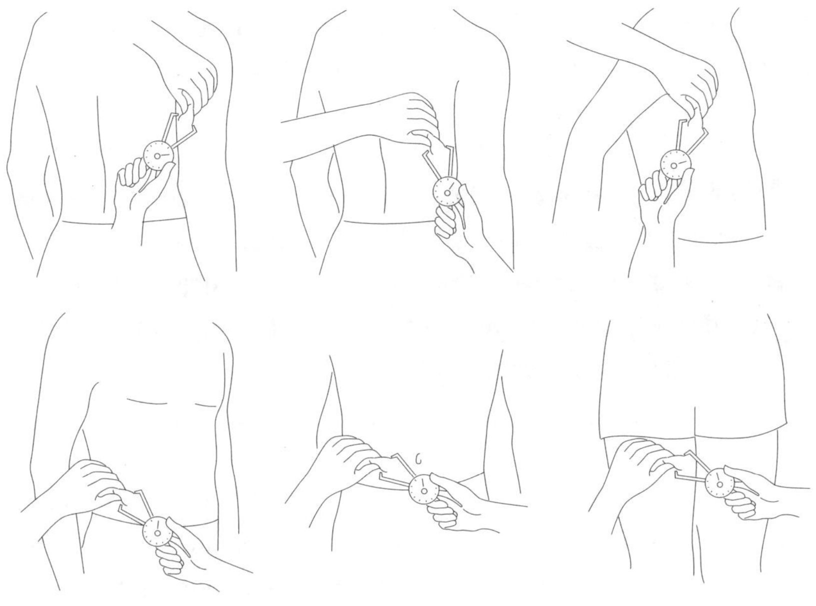

Mediciones de los pliegues de la piel con un calipómetro para determinar el porcentaje de grasa del cuerpo.

El peso «ideal»

Lo importante no es el peso, sino la grasa: por eso no me gusta la expresión «peso ideal». Pero, dado que es la más difundida, la utilizaré insistiendo sin embargo en lo que yo entiendo por «peso ideal»: **un peso que va en función del porcentaje ideal de grasa**. No tiene nada que ver con el que te aconsejan las tablas supuestamente «científicas» que determinan el peso de una persona en función de su edad y altura. Estas tablas no valen, por dos razones: primero, suelen conceder un leve aumento de peso en función de la edad, algo que carece de justificación científica; y segundo, corresponden a una media obtenida tras haber medido y pesado a un gran número de personas. Si lo que se busca es establecer una comparación con la media de los hombres y las mujeres, no niego que estas tablas puedan ser útiles, pero a la hora de determinar un peso sano, son inadecuadas.

Para definir tu peso correcto, el que corresponda a un buen estado de salud y a un cuerpo duro y tonificado (lo cual está estrechamente interrelacionado), primero debes calcular tu porcentaje de parte magra y de parte grasa. La parte magra determina en gran medida qué tipo de alimentación debes seguir.

Como ya he explicado, es la masa magra la que consume las calorías. Piensa en los coches. No echas gasolina a un coche en función de su tamaño, sino en función del poder de combustión del motor. Dos personas pueden pesar lo mismo (mismo tamaño de coche), pero en una de ellas la parte magra (el motor) puede estar mucho más desarrollada que en la otra. Si las dos ingieren la misma cantidad de calorías (gasolina), la que tiene menos masa magra ganará peso. En realidad, hablando de tablas, lo que se debería elaborar es una tabla que explique qué cantidad de calorías una persona tiene derecho a consumir, basándose en los kilos de masa magra.

He aquí un **método sencillo para calcular tu peso «ideal»** en función de tu masa magra:

Pongamos el ejemplo de Miguel. Miguel tiene 31 años y pesa 91 kg. Con el calipómetro hemos determinado que su porcentaje de grasa ronda el 20 %, de lo cual deducimos que tiene una masa grasa de 18 kg (91 x 20 %) y una masa magra de 73 kg (91 - 18). Si nos referimos a la tabla anterior, el porcentaje ideal y sano de grasa para un hombre joven corresponde aproximadamente a un 13 % o, dicho de otro modo, la masa magra de Miguel debe representar un 87 % de su peso total. Aplicando una regla de tres, podemos determinar su peso ideal. Si Miguel pesara 100 kg, tendría una masa magra de 87 kg. Siendo la masa magra de Miguel de 73 kg, su peso correcto es 84 kg (73 x 100/87).

Masa grasa = peso x % grasa/100
= 91 x 20 % = 18

Masa magra = peso – masa grasa
= 91 – 18 = 73

Peso sano (13 % grasa)
= masa magra x 100/87
= 73 x 100/87
= 84 kg

Para determinar tu peso ideal, el primer paso consiste pues en calcular la masa magra, esto es, la parte metabólicamente activa, la que consume calorías las 24 horas del día, tanto cuando estás activo como cuando duermes. De tu masa magra dependerá tu toma de calorías: si haces ejercicio y aumenta tu masa magra, tu necesidad de calorías también aumenta. Dicho de otro modo te ganas el derecho de ingerir más calorías, y de pesar más, siempre y cuando tu nivel de grasa corporal no supere el porcentaje correcto. A la inversa, si hacías ejercicio y lo has dejado, tu parte magra ha disminuido: tienes que reducir tu consumo de calorías para que no aumenten tus niveles de grasa.

Cómo conseguir el peso ideal

La forma correcta de perder peso

Supongamos que dos personas deciden perder peso. La primera se somete a la típica dieta radical y pierde 12 kg en tres meses.

- **Concéntrate en la pérdida de grasa, no en la pérdida de peso.**
- **Perder peso no siempre es perder grasa.**
- **Pierde grasa a la vez que mejoras tu forma física.**
- **Más vale despacio y bien, que rápido y mal, si no quieres recuperar el peso de vuelta.**

La segunda empieza un programa de entrenamiento y adopta una alimentación sana (baja en calorías pero rica en nutrientes). Al cabo de tres meses, ésta sólo ha adelgazado 4 kg. Parece que la primera ha tenido más éxito perdiendo peso. Pero ¿quién ha tenido más éxito perdiendo grasa?

Cuando medimos exactamente en qué ha consistido la pérdida de peso de cada una de estas dos personas, nos encontramos con los resultados siguientes:

- La primera ha perdido: 6 kg de grasa
  3 kg de agua
  3 kg de músculo.
- La segunda también ha perdido 6 kg de grasa, pero ha ganado 2 kg de músculo: por eso sólo pesa 4 kg menos.

Después del tercer mes, a la primera persona empezará a costarle mantener la pérdida de peso. Dado que ha perdido musculatura (masa magra), su metabolismo ha bajado: sus músculos queman menos calorías. Pronto volverá a engordar y recuperará el peso de vuelta. Éste es el típico ejemplo de las personas que quieren perder peso a toda costa y se dejan seducir por las dietas milagrosas. Caen en un doble error: no hacen nada por solventar la raíz de la causa de su obesidad (un cuerpo en mala forma, músculos atrofiados) sino que empeoran el problema (músculos todavía más atrofiados, cuerpo en peor forma).

En cambio, la segunda persona ha elegido el camino apropiado: los kilos que pierde son sólo grasa. Mientras su parte grasa disminuye, su parte magra aumenta. O sea: pierde peso a la vez que se pone en forma. Está convirtiendo su cuerpo en una máquina *quemagrasa* que ya no tendrá tendencia a engordar. Lo que conseguirá esta persona es un cuerpo más duro y tonificado y una pérdida de grasa permanente. El ejercicio es la única solución verdadera para acabar con los problemas de *sobregrasa*.

«Al perder peso, me he dado cuenta de que lo que realmente importa no es tanto lucir un buen tipo sino sentir que estoy en forma.» (Lucía)

La experiencia me ha demostrado que las personas que consiguen perder peso son en general aquellas cuya motivación principal es ponerse en forma. No se fijan exclusivamente en la báscula para medir sus progresos, sino en las mejorías físicas que van notando a medida que pasa el tiempo: pueden correr más rápido, se cansan menos al subir las escaleras, practican su deporte favorito sin terminar agotados... Éstas eran las metas que se habían propuesto y el hecho de alcanzarlas les anima a seguir con el entrenamiento.

En cambio, las personas cuyo primer objetivo es volver a ponerse la ropa de hace dos años, muy a menudo fracasan en el intento. La pérdida demasiado lenta de peso les acarrea grandes frustraciones, porque tienen la sensación de que no están consiguiendo nada mientras no alcancen su única meta: caber en sus pantalones. Entonces, el riesgo es que quieran ir demasiado de prisa: hacen ejercicio de modo compulsivo y se ponen a dieta. El resultado es devastador: se cansan rápidamente y abandonan, tirando por la borda todos sus esfuerzos.

«Me desafío a mí mismo. Es como un juego. Quiero ver hasta dónde puedo correr. Antes tenía que parar dos veces entre mi casa y un cruce determinado. Ahora, puedo correr hasta allí sin parar, y esto hace que me sienta bien.» **(Juanjo)**

Si deseas ponerte en forma, no tienes que obsesionarte por el peso, sino por tus niveles de grasa. Los clientes a los que entreno sólo hablan de peso. Quieren perder peso. «Peso, peso, peso»: no tienen más que esta palabra en la boca. A mí no me preocupa en absoluto el peso que pierdas en kilos, me interesa que el porcentaje de grasa disminuya a la vez que aumente tu masa muscular, es decir, la parte magra. Esto se consigue mediante grandes dosis de paciencia y perseverancia. Recuerda que no has engordado de la noche a la mañana. Tu exceso de grasa es el resultado de años de descuido. Entonces, no te empeñes en querer perder peso de repente.

Para perder peso de forma definitiva, es mejor perder sólo medio kilo a la semana y combinar las restricciones dietéticas con el ejercicio. De este modo se minimiza la pérdida de masa magra y se optimiza la combustión de la masa grasa. Se construye un cuerpo que no tendrá tendencia a engordar.

La forma correcta de aumentar de peso

- **Quizá primero tengas que preocuparte por aumentar de peso, no por perder peso.**
- **La delgadez no es siempre sinónimo de salud y belleza.**

Sé que lo que quieres es perder peso, pero piensa que si debajo de tu aborrecida capa de grasa tienes unos músculos débiles y atrofiados, lo más seguro es que cuando adelgaces te encuentres con un cuerpo desmejorado y flaco, muy distinto a la figura estilizada que persigues. Dietas y métodos de adelgazamiento aparte, también hay personas que, por naturaleza, parecen delgadas pero en realidad no lo son, si consideramos que la delgadez es la ausencia de grasa: tienen un aspecto demacrado, debido a su ausencia de musculatura, pero sus niveles de grasa exceden el porcentaje correcto. En su entorno, estas personas a veces dan envidia: «¡Qué suerte tienes! ¡Qué tipo! A ti, la ropa siempre te sienta bien» (¡en las perchas también, la ropa queda muy bien!). Otras veces son víctimas de las recriminaciones de sus madres y abuelas: «Hija, ¡qué delgada estás!, no puede ser, seguro que estás enferma, tienes que engordar». Dicen *engordar* y piensan *comer más*. Pero comer más no es la solución: lo único que conseguirán es aumentar sus niveles de grasa y dar un paso más hacia la mala salud.

La manera correcta de *engordar*, para una persona demasiado flaca, no consiste en atiborrarse de comida, sino en desarrollar el tejido muscular de forma que corresponda al peso requerido por las tablas que relacionan la altura con la masa magra (existen tablas distintas para hombres y mujeres) y en mantener los niveles de grasa en un 15 % para los hombres y un 22 % para las mujeres. ¿Cómo lograrlo? Haciendo ejercicio y siguiendo unas pautas sanas de alimentación. Así es como se consigue una apariencia saludable y un cuerpo fuerte y sano.

Cuando añades musculatura a tu cuerpo, ganas peso, te pones en forma, y te esculpes un cuerpo atractivo: los hombres parecen más fuertes y las mujeres realzan sus curvas naturales.

No puedes matar la grasa de hambre

- **Vivimos en una sociedad que cree en el poder de las dietas. Por eso la mayoría de la gente piensa que la mejor manera de perder peso es poniéndose a dieta.**
- **Millones de personas están a dieta y la mayoría no conseguirá perder el peso que quiere.**
- **El 95% de las personas que están a dieta fracasa en el intento de perder peso.**
- **Perder peso no es el problema. El problema es no engordar.**
- **Perder peso es fácil. Lo difícil es no recuperarlo: las dietas sólo son parches transitorios.**

Hoy en día, es casi imposible ver la televisión o leer una revista sin que nos propongan «adelgazar 5 kg en una semana». Cada dos por tres se publican libros que rápidamente se convierten en *best-sellers* contándonos lo fantásticas que son las nuevas dietas, prometiéndonos que comiendo lo que quieras y como quieras, conseguirás un cuerpo fabuloso. Todo es mentira: las dietas no funcionan.

Imagínate que te levantas un día con una mancha en la piel. Lo primero que pensarías es: «¡Qué raro! ¿De dónde me ha salido? ¿Por qué? ¿Tendré alguna enfermedad?». No se te ocurriría llamar al cirujano para que te la quitara sin averiguar su procedencia, sino que le pedirías a tu médico que te hiciera todos los análisis necesarios, con el fin de comprobar si la mancha no fuera el síntoma de alguna disfunción seria.

En cambio, cuando notas que empiezan a salirte las chichas, no te preguntas *por qué* estás engordando; sólo quieres librarte en seguida, sea como sea, de esa grasa que se hace visible. No te das cuenta de que **la grasa en sí no es el problema, sino**

un síntoma del problema. En vez de pensar: «Estoy engordando, mañana me pongo a dieta», deberías concentrarte en buscar las razones internas de tu tendencia a acumular grasa, cuyo exceso es la manifestación evidente de un desorden sistemático interior. Ésta es la razón por la que las dietas no pueden funcionar. Puede que pierdas peso, pero no mejora el rendimiento de tu máquina *quemagrasa*, sino todo lo contrario.

Las dietas no solucionan los problemas de peso porque no atacan el problema capital de las personas que padecen sobrepeso: un metabolismo que funciona mal, un motor de pocos cilindros.

No engordas porque comes mucho, engordas porque quemas mal los alimentos (claro está que hay excepciones, pero me refiero a la norma general). ¿Por qué quemas mal los alimentos? Porque no estás en forma, porque tus músculos están atrofiados. Pero tú, en vez de cuidar tu motor, de mejorar su potencial, te obsesionas con las dietas y curas mágicas, con parches transitorios. Si el médico te quita la mancha de la piel sin preocuparse de por qué ha aparecido, momentáneamente tendrás una piel perfecta. Pero puede que reaparezca o que te salga otra mancha en otro sitio: la disfunción que provocó la aparición de la mancha sigue ahí.

Ocurre lo mismo si te sometes a una dieta (o si eliminas la grasa mediante técnicas quirúrgicas como la liposucción): momentáneamente pierdes grasa (el síntoma de tu mal estado físico), pero el mal (tu tendencia a engordar) sigue ahí. Perder peso es fácil, más difícil es no volver a engordar. Pregunta a una persona obesa si ha perdido peso: te hablará de los cinco kilos perdidos en una dieta, de otros cuatro perdidos en una clínica..., y también te contará cómo ha vuelto a engordar una y otra vez. Incluso sabrás de gente superobesa que en una dieta perdió veinte o treinta kilos...

antes de recuperarlos. Tú misma lo habrás vivido en tus carnes: ya habrás probado por lo menos una vez en tu vida una de esas dietas que te habrá recomendado una amiga («Que sí, que funciona, te lo digo yo»). Adelgazaste... y al mes volviste a engordar. Es más, recuperaste cuatro kilos cuando sólo habías perdido tres... y casi se rompe una amistad de veinte años.

Hay personas que piensan haber encontrado la solución para evitar estas oscilaciones perpetuas de peso: estar constantemente a dieta. Se imponen duras privaciones y cuando de vez en cuando se ven obligadas a saltarse el reglamento, un profundo sentimiento de culpa les remuerde la conciencia. Las compadezco. No disfrutan de la vida. En vez de autoflagelarse de este modo, deberían preguntarse: «¿Por qué gano peso tan fácilmente? ¿Por qué?». **No olvides que la obesidad es un síntoma de que *algo* dentro de tu cuerpo funciona mal**. Ese *algo*, llámalo química, metabolismo, como quieras, favorece la acumulación de grasa.

Con las dietas, no solucionas el problema, sino que lo aplazas. Cuando reduces el aporte de calorías, en tu cuerpo se enciende una luz roja: «Alerta, no hay comida». Tu organismo es previsor y quiere conservar reservas de energía, lo cual se manifiesta de dos maneras: 1) aprende a funcionar con menos combustible; 2) curiosamente, intenta conservar grasa y prefiere utilizar las calorías del tejido muscular. Dicho de otro modo: baja el metabolismo (tu máquina *quemagrasa*) y pierdes músculo. Claro, cuando te pesas en la báscula y ves que marca dos kilos menos, das un salto de alegría porque tú asumes que es grasa lo que has perdido. Para ti es un dato positivo: has adelgazado. Sin embargo, confiésalo, al mirarte en el espejo, no puedes evitar un sentimiento de insatisfacción: es cierto, has perdido volumen, pero tu cuerpo sigue igual de blando y poco tonificado, sin contar que además, por si fuera poco, te cuelga el pellejo. ¿Por qué? Porque te faltan unos músculos sanos que realcen tus curvas. En realidad, poniéndote a dieta has originado una verdadera tragedia en tu cuerpo: has perdido musculatura, por lo cual

- tu cuerpo no se define;
- tu capacidad de quemar grasa disminuye;
- tienes menos energía para hacer ejercicio (de hecho, la pérdida de tejido muscular reduce tu capacidad para hacer ejercicio).

No estás en forma. Te sientes cansado e irritable. Estás débil, y llega un momento en que no aguantas más: te das el atracón, te inflas a galletas, bollos o helados, aportando un exceso de calorías a una máquina que has acostumbrado a trabajar con menos carburante que antes. Los pocos kilos que habías perdido vuelven al galope. Tu objetivo no debe ser quemar calorías, sino arreglar tu maquinaria interior, hacerla más eficiente. Al restringir mucho tu suministro de calorías, estás jugando contra la casa: es imposible que ganes.

En vez de reducir el aporte de calorías a tu cuerpo, enséñale a procesarlas correctamente. La cura real consiste en cambiar la química de tu cuerpo para que no tengas tendencia a producir grasa a partir de los alimentos que consumes.

Te sentirás más sano, más vital y enérgico. Quemarás los alimentos, y la grasa, con más facilidad, y acabarás con el círculo vicioso de las «dietas yoyó» que hacen que adelgaces y vuelvas a engordar. Quítate la venda de los ojos, enfréntate cara a cara con el verdadero problema: deja de echarle la culpa al combustible (los alimentos) y échale la culpa al mecánico que descuida su motor. Despídete de la tortura de las dietas y desarrolla tus músculos. Olvídate de las calorías y piensa en términos de metabolismo.

Preocúpate por ser una persona más sana y te puedo asegurar que el tipo se te dará por añadidura.

Cuando una persona en forma consume 1.000 calorías, la mayoría son usadas y quemadas.

Cuando una persona inactiva y sedentaria consume 1.000 calorías, unas 700 son usadas, y las otras son almacenadas.

Nunca confundas actividad con ejercicio

- **El ejercicio te pone en forma para tu trabajo, pero tus actividades diarias no te ponen en forma para hacer ejercicio.**

Si hablas con la gente, muchos te dirán que, de hecho, hacen ejercicio todos los días, por la sencilla razón de que llevan una vida muy activa: suben las escaleras del metro, andan por los pasillos de la oficina, corren con un carrito entre las estanterías del supermercado, andan del coche al lugar de trabajo, y del lugar de trabajo al coche, van a visitar clientes... Cuando pregunto a una mujer si hace ejercicio, casi es como si la estuviera insultando. «¿Tú crees que levantarse a las siete, preparar el desayuno para toda la familia, llevar los niños al cole, ir a la oficina, ir a la compra, limpiar la casa, lavar la ropa... es poco ejercicio? ¿Tú crees que me paso el día tirada en el sofá o qué?» Se siente ofendida y lo entiendo, porque bien sé cuán agotadora puede ser la vida cotidiana de una mujer, muchas veces más que la de un hombre. Pero os digo algo por el propio bien de cada una y cada uno: esto no quita que haya una gran diferencia entre actividad y ejercicio.

El otro día estaba hablando con un amigo que vive en la montaña. Me comentaba que era consciente de que no estaba en buena forma física y que le gustaría encontrar tiempo para hacer ejercicio. Mi amigo se levanta todos los días a las seis, ordeña vacas, saca a las ovejas, sube sacos por los caminos de la sierra...: no para ni un minuto. Pero él sabe que esto no es ejercicio. Sus actividades diarias, al igual que las de muchas personas, por extenuantes que sean, no estimulan lo suficiente las funciones fisiológicas para que se produzcan cambios positivos dentro del cuerpo. El trabajo, aunque sea físico, no te pone en forma. ¿Te has fijado en los obreros que trabajan en las carreteras? Pocos de ellos pueden presumir de un cuerpo de atleta. Llaman más la atención del automovilista sus tripas increíbles, significativas de su mala forma física a pesar de que tienen un trabajo muy duro, que requiere mucho esfuerzo físico. **Trabajo físico *no es* ejercicio físico**.

Sólo el ejercicio, y más especialmente el ejercicio aeróbico, puede transformar nuestro organismo en una eficiente máquina *quemagrasa*. Como explicaré más adelante, para que una actividad pueda considerarse ejercicio aeróbico, ha de consistir en un esfuerzo continuado llevado a cabo con una intensidad determinada. Cuando subes las escaleras o corres para coger el autobús, puede que te suban las pulsaciones. Pero paras en seguida. No es ejercicio aeróbico.

Tus actividades diarias no son ejercicio y no te ponen en forma. Pero puedo asegurarte que si haces ejercicio, te pondrás en forma y serás capaz de realizarlas con más energía y más vitalidad.

Elle McPherson, Cindy Crawford: ¿por qué recuperan su figura tan rápidamente después de dar a luz?

- **No esperes a dar a luz para ponerte en forma. Ponte en forma antes de dar a luz.**
- **Durante el embarazo, haz lo que siempre has hecho, pero reduciendo la intensidad del ejercicio. Si nunca has hecho ejercicio, no empieces. Ahora no es el momento.**

Mucha gente se queda asombrada cuando ve cómo recuperan su figura las *top-models* después de nueve meses de embarazo. No hay ningún secreto: estas mujeres ya estaban en muy buena forma física antes de dar a luz. La práctica regular del ejercicio físico y una alimentación sana siempre han formado parte de su vida. Su cuerpo tónico y estilizado lo demuestra. Aparte de tener, quizá, buenos genes, han desarrollado su metabolismo hasta convertirlo en una máquina *quemagrasa* eficiente. De ahí que, después de dar a luz, su cuerpo vuelva a su estado «normal» tan rápidamente: está acostumbrado a eliminar el excedente de calorías. Al reanudar su sana rutina de vida (ejercicio y alimentación equilibrada), estas mujeres recuperan el buen tipo que tenían antes de ser madres. Sin embargo, a muchas otras se les estropea la figura cuando tienen hijos. Les cuesta tonificar su tripa fláccida y perder sus cartucheras. En realidad, ya estaban en mala forma física antes de dar a luz, por lo cual el embarazo y su consiguiente aumento de peso y cambio hormonal les han afectado mucho más.

Lo importante es estar en forma *antes* del embarazo. Vienen a verme mujeres embarazadas que quieren ponerse en forma para anticipar los efectos de la maternidad: es demasiado tarde. Incluso es poco recomendable *empezar* la práctica del ejercicio durante el embarazo. Pero las mujeres que han estado haciendo ejercicio de modo regular antes de quedarse embarazadas no tienen por qué abandonar esta sana costumbre. Al contrario, psicológicamente es muy importante que sigan con un programa de entrenamiento, aunque sea más moderado. Les ayudará a prevenir un aumento excesivo de peso y a recuperar con más facilidad su figura después del parto.

El músculo: el motor del cuerpo

- **El músculo es el motor del cuerpo.**
- **Tener músculos en forma te permite no engordar.**

Sin entrar en detalles científicos, podemos definir el metabolismo como el conjunto de reacciones químicas que se producen en el organismo. Dichas reacciones gastan y liberan energía. El músculo es el sitio donde se queman las calorías para producir la energía que necesitas en cada momento de tu vida. Cuando ingieres comida, aparte de disfrutar –o no– los sabores de tus dulces manjares, ¿qué es lo que piensas?: «¡Ojalá no engorde!». Inconscientemente rezas para que los alimentos no se depositen como por arte de magia en tus caderas o estómago. No te preguntas para qué sirven, cuando es esto lo que debería preocuparte: tiendes demasiado a olvidar que la comida no sólo es la responsable de tu exceso de grasa. La comida es vital para tu organismo, es el combustible que te permite avanzar: alimenta tus músculos como la madera alimenta la hoguera.

La importancia de una musculatura en forma

Me gusta mucho recurrir a una metáfora automovilística y decir que **nuestro cuerpo es como un coche, y los músculos son su motor**. Cuando echas gasolina a tu coche, ¿dónde crees que se consume? ¿En la carrocería? ¿En las ruedas? Nunca dirías que tu coche necesita mucha gasolina porque tiene una carrocería muy grande o porque tiene unas ruedas inmensas. Sabes que su consumo de gasolina no depende de estos parámetros, sino del tamaño del motor. Cuanto más grande sea y más cilindros tenga el motor, más gasolina consumirá. Pues en tu cuerpo, la gasolina la aporta la comida. Así que ¿adónde va a parar tu última cena? ¿A tu melena? Seguro que no. Del mismo modo que un coche no necesita mucha gasolina por tener grandes ruedas, tú, por tener el pelo más largo, no tendrás que consumir más calorías que otra persona con el pelo rapado. ¿Te parece una evidencia? Hay que puntualizarla: tu pelo no consume calorías; tu cerebro, tu piel, tu hígado queman pocas calorías, y no queman una mayor cantidad cuando estás despierto que cuando descansas. Puedes estar en coma en un hospital: tu piel consumirá las mismas calorías que cuando estás viendo la televisión.

Son tus músculos, no tu pelo ni tu piel, los que queman la mayor parte de los alimentos que ingieres. El 90% de las calorías son consumidas por el tejido muscular.

La conclusión salta a la vista: **cuanto más en forma esté tu musculatura, más calorías consumirás, incluso en ausencia de movimiento**. Como el cerebro y los otros órganos, los músculos siguen utilizando calorías cuando no trabajan, y unos músculos en forma siempre queman más calorías que unos músculos atrofiados. Si tienes poco músculo, es como si tuvieras una hoguera pequeña dentro del cuerpo, incapaz de quemar eficazmente los alimentos ingeridos. Es entonces cuando éstos van a parar a los depósitos de grasa, localizados en las piernas o las caderas para las mujeres, en la tripa para los hombres. Así se entiende por qué, aunque no comas mucho, puedes tener tripa y estar fláccido: estás obeso, tu organismo no quema los alimentos. Tu hoguera es demasiado pequeña. Por eso también los hombres tienden a engordar menos que las mujeres. ¿Recuerdas que antes te dije que, por cuestiones hormonales, las mujeres tienen menos masa muscular que los hombres? Más exactamente, **los músculos representan el 40 % del peso del varón, y el 30 % del peso de la mujer**. Los hombres queman por lo tanto más calorías: tienen un motor más grande que las mujeres. Así que, querida lectora, no te enfades con tu marido aunque, ya lo sé, resulta frustrante verle comer dos veces más que tú sin que engorde.

De todas formas, el músculo no es privilegio de los hombres. Las mujeres también pueden tonificar sus músculos y aumentar de este modo la capacidad de combustión de su motor. El problema es que, ya lo he dicho, muchas mujeres se asustan cuando menciono la palabra *músculos*. Se imaginan con unos músculos voluminosos, y de algún modo temen parecerse a esas campeonas de *body-building*, cuyos cuerpos han perdido cualquier atisbo de feminidad. Por eso, cuando les hablo de levantar pesas y desarrollar sus músculos, me miran con horror y su primera reacción es irse corriendo de mi despacho. Tengo que explicarles que, cuando me dicen que no quieren más músculos, me están diciendo que no quieren hacer su motor más grande. Eso implica dejar de desarrollar su potencial de combustión, de quemar más grasa.

Tengo que explicarles que mi intención sólo es convertir sus músculos en funcionales, eliminar la flaccidez de su cuerpo, darles una imagen elegante, tonificada y en forma. Y ¡que no se asusten! Fisiológicamente, es imposible que la mujer tenga músculos tan voluminosos como los hombres, por falta de testosterona. He entrenado a modelos, actrices, bailarinas y a todas ellas las he puesto en programas de resistencia y pesas dependiendo de las características físicas de cada una: ninguna se ha quejado de desarrollar demasiado músculo.

Lo que debería preocupar a la gente, y en especial a las mujeres, no es tener demasiado músculo, sino más bien tener demasiado poco.

¿Por qué engordas cuando te vas haciendo mayor?

Cuando llegas a los cuarenta, lo que ocurre no es que la garantía de tu cuerpo haya caducado, sino que éste empieza a pasarte la factura de tus excesos. Se dejan ver los efectos inevitables de unos hábitos poco saludables mientras la resistencia natural del organismo comienza a disminuir fatalmente.

Empezaré contándote la historia de Ramón, un amigo que conocí en la universidad. Entonces, Ramón tenía 22 años y era un chico delgado. Hasta hace algunos años, mientras iba tranquilo y feliz camino de los 40, todavía seguía con sus 70 kg de entonces. Era la típica persona que comía de todo y su peso se mantenía estable. No engordaba, no adelgazaba... Sin embargo, de pronto, al llegar a los 37, empezó a ganar peso rápidamente. Como es lógico, se sorprendió. Su peso había sido estable durante tanto tiempo que le parecía definitivo. No lo entendía. Por más que buscara un motivo que explicara el cambio repentino, no lo encontraba. Nada de conflicto emocional, problemas laborales, enfermedad, medicinas, estrés. Su vida no había cambiado ni un ápice. Entonces, ¿por qué diablos estaba engordando?

Esta pregunta se la hacen muchas personas al llegar a los 35 o 40 años. Como Ramón, empiezan a engordar y no entienden por qué. Ningún cambio particular en sus hábitos proporciona una explicación válida a este aumento de peso. Ningún cambio reciente... Ahora bien, si se pusieran a investigar en su pasado, encontrarían la explicación. Eso hizo mi amigo Ramón, con mi ayuda. Reflexionamos sobre su vida desde la salida de la universidad, y así dio con la respuesta.

Después de terminar los estudios, Ramón viajó y trabajó en sitios distintos hasta que, a los 32 años, su vida experimentó un giro radical: encontró un trabajo fijo, un buen trabajo, en el que empezó a ganar mucho dinero. Cenas en buenos restaurantes, comidas de negocios, copas... Ramón aumentó drásticamente su consumo de calorías. Al mismo tiempo, dejó el ejercicio, cuando hacía años que tenía una vida deportiva activa. Redujo su gasto de calorías. Lo lógico hubiera sido que entonces empezara a engordar, ¿no crees? El caso es que no, no engordó ni un kilo. Y Ramón no dejaba de presumir delante de sus amigos de que él podía comer lo que fuera y la báscula no lo notaba. Hasta que..., ¡horror!: ¡desgracia!, como todo el mundo, él también empezó a ganar peso.

En realidad, ya hacía tiempo que había comenzado a engordar, aunque su peso se mantuviera estable. Empezó a engordar a los 32 años, cuando cambió por completo su estilo de vida. Entre los 32 y los 37 años, la grasa fue acumulándose en sus músculos y los músculos fueron atrofiándose. Su aspecto exterior no cambiaba, pero sí su metabolismo. Luego, cuando la grasa hubo reemplazado los músculos, siguió formándose, y entonces se depositó fuera de los músculos, bajo la piel. Esta grasa ya no reemplazaba nada, se añadía. Comenzó a ganar peso entonces. Pero había empezado a engordar mucho antes. **Ramón comenzó a engordar 5 años antes de ganar peso**.

Ésta es la triste realidad: a medida que te vas haciendo mayor, vas perdiendo músculo y acumulando grasa. Si no haces nada para prevenirlo, tu masa muscular se reduce aproximadamente de 1 a 2 kg cada década de vida, y a los 70 años sólo te queda la tercera parte de los músculos que tenías a los 30. Volviendo a la imagen del motor, es como si para empezar tuvieras un coche de 8 cilindros, luego uno de 6, de 4, y al final terminaras con una Vespino. Digamos que es un proceso inverso al de tu éxito social: al hacerte mayor, tus ganancias económicas te permiten pasar del Seiscientos al Mercedes, pero en tu cuerpo el motor de Mercedes deja lugar a un motor de Seiscientos. Tienes menos músculos, por lo cual quemas menos calorías... y engordas. Sólo puedes detener este proceso lógico haciendo ejercicio físico, y en especial ejercicios de pesas, ya que, como te lo explicaré ampliamente más adelante con la segunda parte del programa, con las pesas tonificas tus músculos y luchas contra el envejecimiento.

Pierdes músculo como pierdes neuronas. Pero de esto último se habla mucho más en nuestra sociedad en la que la mente está supervalorada y totalmente disociada del cuerpo. Sin embargo, esta disminución progresiva de músculo es responsable de muchas de las dolencias que nos ocurren más tarde en la vida. Es un círculo vicioso, pues tu capacidad para funcionar disminuye, lo que te lleva a más inactividad física y todavía más pérdida muscular. Mientras tanto tu metabolismo cambia, se hace más lento. Antes quemabas lo que comías, tus músculos necesitaban más energía. Ahora, lo que comes lo almacenas produciendo grasa. Tú sigues comiendo, pero la capacidad de tu cuerpo de quemar calorías ha disminuido. Por eso se oyen frases como ésta: «No lo entiendo, como igual que antes, pero ahora engordo».

¿Estás en forma?

- **La buena salud va más allá de la ausencia de enfermedad.**
- **Nuestros cuerpos son depósitos de estrés, depresiones y malvivir.**

Cuando te despiertas por la mañana, ¿te sientes vital y enérgico, dispuesto a atacar un nuevo día? ¿O más bien, te sientes tan cansado como el día anterior, con dolores, y sin ninguna gana de levantarte y empezar de nuevo?

Si un día de éstos llevara a cabo una encuesta entre la gente de la calle acerca de lo que opina sobre su salud, estoy convencido de que llegaría a la conclusión alentadora, aunque equivocada, de que los españoles somos personas sanas y en plena forma. Lo más probable es incluso que aquella apuesta señora de unos bien asumidos cuarenta años que está de compras, o aquel joven animado que va paseando su perro por la calle, me mirasen como pensando: «Pero éste, ¡qué se ha creído!» y contestasen: «Claro que estoy en forma, ¿no me ves? Ando, paseo, respiro, ¿qué más quieres?».

¿Qué más quiero? Más, mucho más. Mi definición de la salud supera con creces el concepto comúnmente aceptado según el cual estar sano equivale a no estar enfermo. Y no creas que es una invención mía. Así es como la Organización Mundial de la Salud define la buena salud:

«Es un estado completo de bienestar tanto físico y mental como espiritual, una condición en la que el individuo tiene suficiente energía y vitalidad para llevar a cabo las tareas diarias y que le quede energía de sobra para practicar actividades recreativas».

¿Es éste el concepto que tenías de la buena salud? ¿Sigues opinando que estás plenamente en forma?

Continuemos con aquella hipotética encuesta que me gustaría realizar por las calles de la ciudad, y veamos qué pasaría si al joven de antes, aparentemente rebosante de salud (como debe ser a esa edad) le formulara la pregunta de otra manera y le dijera: «¿Puedes correr media hora sin parar? ¿Cuántas flexiones seguidas eres capaz de hacer...? ¿Puedes subir los cinco pisos de tu casa sin llegar exhausto?», o si a la señora de buen ver le preguntara: «¿Puedes darte un paseo en bicicleta por la montaña o nadar en un lago...? ¿Puedes disfrutar de tus platos favoritos sin tener que preocuparte por tu peso?». Apuesto a que sus respuestas serían bien distintas y ya no tan rotundas.

Tampoco les resultaría tan fácil contestar con seguridad a todas estas cuestiones que se me ocurren, preguntas como éstas:

- **Cuando te miras al espejo, detenidamente, honestamente, ¿te gusta lo que ves?**
- **¿Cómo te sientes en tu interior?**
- **¿Estás a gusto contigo mismo?**
- **¿Te consideras una persona segura, dinámica, fuerte?**
- **¿Puedes disfrutar de tu deporte favorito sin acabar agotado?**
- **Cuando te despiertas por la mañana, ¿te sientes cansado o con energía y vitalidad para afrontar un nuevo día?**

Y tú, ¿qué contestarías a estas preguntas?

Sé sincero contigo mismo: ¿cuándo fue la última vez que te sentiste realmente en forma? ¿Crees que ahora mismo estás en forma? Mira a tu alrededor. Fíjate en la gente que anda por la calle y que ves en las tiendas, los bares, los restaurantes... ¿Te da la sensación de que está en forma? Si detienes con atención tu mirada en las personas con quienes te vas cruzando, comprobarás que no es fácil encontrar a alguien en plena forma física, alguien realmente sano y lleno de vitalidad, con una piel tersa, unos ojos vivos y una postura erguida, alguien que irradie energía positiva y bienestar interior.

Con nuestro estilo de vida despreciamos nuestros cuerpos. Cuando andamos o cuando estamos sentados, adoptamos posturas dañinas para el esqueleto. Damos comida basura a nuestro organismo. ¿Quién tiene tiempo para cocinar hoy en día? Vivimos en una sociedad donde todo va deprisa, muy deprisa, demasiado deprisa. Comida rápida, lectura rápida, comunicación rápida. No tenemos tiempo para nada, ni para dormir, ni para hacer ejercicio, ni para darle a nuestro cuerpo todos los cuidados que espera de nosotros. ¿No tenemos tiempo? Mejor dicho: no hacemos el más mínimo esfuerzo para encontrarlo. ¿Por qué? Porque tendemos a olvidar que tenemos un cuerpo, que tenemos músculos que nos permiten movernos. Consideramos el cuerpo como un mero apéndice de la cabeza. Un apéndice incluso molesto. Mientras no nos impida llevar a cabo nuestras tareas diarias, ir a la oficina, salir con los amigos..., ni recordamos su existencia. Creemos estar en forma, y ahí es donde nos equivocamos. Las jaquecas inexplicables, las *depres* pasajeras y cíclicas, el malestar confuso, son los síntomas más visibles de que, en efecto, no estamos en forma. Nuestros cuerpos son depósitos de estrés, depresiones y malvivir. De la buena salud del «apéndice» que es el cuerpo también depende el bienestar psíquico y emocional. La salud, ya lo he dicho, y lo repito, va más allá de la ausencia de enfermedad.

Estar sano es sentirse bien físicamente, emocionalmente, mentalmente, socialmente.

Es hora de despertar y de darte cuenta de que, aunque creas que estás en forma, lo más probable es que no lo estés. El hecho de que no padezcas síntomas de enfermedad no significa que disfrutes de una buena salud. Si llevas un estilo de vida nefasto y no tienes la más mínima intención de cambiarlo, sólo es cuestión de tiempo para que empiecen a aparecer. Lo sabes. Depende de ti que no ocurra.

Ha llegado el momento de imponer un nuevo rumbo a tu vida. Actúa y emprende el camino hacia la buena salud.

¿Cuántos años tienes en realidad?

- **Puedes tener 40 años con un cuerpo de 60 o tener 60 años con un cuerpo de 40.**
- **Con un estilo de vida sano, te mantendrás joven más tiempo.**

Sólo tienes 30 años, pero eres incapaz de llegar a cinco flexiones y estás agotado cuando tienes que correr para coger el autobús. ¿El problema? Tu edad biológica y tu edad cronológica no se corresponden. A pesar de la fecha de nacimiento que aparece en tu DNI, tu cuerpo funciona como si tuvieras sesenta años. En pocas palabras: tu cuerpo es mayor que tú. Hay personas que aparentan ser más jóvenes de lo que son porque física y mentalmente son tan activas como otras menores que ellas. En cambio, otras parecen contar diez años más de los que tienen en realidad. ¿Nunca te has encontrado con algún compañero o compañera de clase que hace años que no veías y que físicamente está mucho mejor –o peor– que tú, a pesar de tener tus mismos años? La diferencia radica en vuestros hábitos de vida. Unos hábitos de vida sanos permiten retrasar el proceso de envejecimiento, mientras que los malos hábitos lo aceleran.

Está demostrado que muchos de los cambios que creemos inevitables por el paso del tiempo se deben más a la inactividad y a los abusos diversos –tabaco, alcohol o mala alimentación– que al envejecimiento físico. Cuanto mejor sea tu estado de forma, mejor preparado estás para combatir el paso del tiempo. Dicho de otro modo, cuanto más cuides tu cuerpo, más despacio envejecerás. Aunque el tiempo vuela, todos queremos ser capaces de seguir realizando las mismas actividades que siempre hemos desarrollado, y esto significa mantenerse joven biológicamente aunque nos hagamos mayores cronológicamente. No es nada imposible. Sólo es cuestión de estilo de vida.

Haz ejercicio ahora y retrasarás el envejecimiento

- **La edad biológica puede ser reversible.**
- **A diferencia de las máquinas que se gastan con el uso, el cuerpo humano es capaz de mejorar y rejuvenecer cuanto más se usa.**
- **Envejecer no es una cuestión de edad, sino de falta de movimiento. Y la falta última de movimiento es la muerte.**
- **«Teme la vejez porque no viene sola», decía Platón hace más de 2.000 años: niégate a padecer las molestias que la acompañan tomando las riendas de tu propia vida.**

No es el envejecimiento en sí lo que nos asusta, sino más bien todas las molestias que van surgiendo a medida que transcurren los años y el lento declive de nuestras facultades: el aumento de peso, la falta de movilidad, el cansancio y, a largo plazo, el miedo a ni siquiera poder valernos por nosotros mismos. Alégrate, porque tengo una muy buena noticia: el envejecimiento no es un proceso ineludible. Es más, **la edad biológica puede ser reversible**. En otras palabras: **Tu cuerpo se vuelve más joven o más viejo dependiendo de cómo le trates**.

Estudios recientes han demostrado que el ejercicio físico practicado con regularidad no sólo permite luchar contra determinados síntomas del envejecimiento, sino que también puede invertir el proceso de desgaste del organismo. La presión arterial alta, el aumento de la grasa del cuerpo, los desequilibrios en los niveles de azúcar, la disminución de la masa muscular, así como la fragilidad de los huesos o la reducción de la capacidad aeróbica (es decir, tu capacidad de procesar el oxígeno), no son síntomas inevitables de la vejez.

El ejercicio físico practicado de forma regular permite evitar determinadas molestias relacionadas con el envejecimiento:

- **La presión arterial alta.**
- **El aumento de la grasa del cuerpo.**
- **Los desequilibrios en los niveles de azúcar.**
- **La disminución de la masa muscular.**
- **La fragilidad de los huesos.**
- **La reducción de la capacidad aeróbica.**

En realidad, los inconvenientes del envejecimiento son más el resultado de la inactividad que de la edad propiamente dicha. **El cuerpo humano es como un coche: si lo dejas aparcado durante años sin usarlo, la batería se descarga**. Usa tu coche. Usa tu cuerpo. Su funcionamiento mejorará, cualquiera que sea la edad que tengas. Nunca es tarde para empezar a contrarrestar los efectos negativos del envejecimiento. De hecho, las personas que descubren el ejercicio físico ya entradas en años se maravillan de las notables mejorías que se producen en su organismo.

En Los Ángeles, contaba entre mis clientes con señoras mayores. Recuerdo con especial cariño a una de ellas, Dorothy. Dorothy empezó a correr maratones a los sesenta años, y dejó definitivamente la competición a los setenta. A los sesenta y cinco, su capacidad aeróbica era la misma que la de una chica de veinte años. A partir de entonces, su capacidad aeróbica comenzó a declinar, aunque siguiera corriendo maratones, pero a pesar de todo al llegar a los noventa años, la capacidad aeróbica de Dorothy era la de una chica de veinticinco años. Con su pelo blanco y su cuerpo atlético, se desprendía de Dorothy un encanto fuera de lo común. Todo en ella respiraba vitalidad y juventud. Decía Dorothy: «Para mí el deporte es fundamental. Gracias a él, me mantengo joven y llena de energía. Puedo competir con mis nietas».

El caso de Dorothy sin ser único es ejemplar, y desmiente todos los malos augurios. Es verdad: a partir de los treinta, la capacidad aeróbica de una mujer disminuye un 8-10 % cada década; es verdad: a los setenta, una mujer ha perdido el 30 % de su fuerza muscular; es verdad también que a medida que va envejeciendo sus huesos se debilitan y planea sobre ella el temible espectro de la osteoporosis. Todo eso es verdad si no se hace nada para evitarlo.

Si tienes la sensación de que has disfrutado poco de la vida o, aún peor, de que estás viviendo una vida ajena, todavía puedes cambiarlo. Mañana puede ser el primer día del resto de tu vida. Toma las riendas de tu vida y niégate a padecer las molestias que acompañan a la vejez. Dile «no» al paso del tiempo. Está en tu poder. Haz ejercicios aeróbicos y desarrolla tu capacidad aeróbica, disminuye la presión arterial, regula tus niveles de azúcar y de colesterol. Levanta pesas y tonifica tus músculos, fortalece tus huesos. Tú puedes invertir el proceso y rejuvenecer tu cuerpo mientras vas soplando alegremente una vela más cada año. Nunca volverás a tener veinticinco años. Pero el *fitness* puede proporcionarte unos niveles de vigor, fuerza y resistencia que incluso muchos jóvenes de veinticinco años te envidiarán.

Piénsalo: dentro de treinta o cuarenta años, aparecerán las consecuencias de tu estilo de vida actual. De ti depende que sean fuente de dolor o de alegría.

Responsabilízate de tu salud

- **La prevención de la enfermedad siempre cuesta menos y proporciona mejores resultados que su tratamiento.**
- **Los científicos afirman que los próximos avances de la medicina dependerán no tanto de los descubrimientos venideros sino de lo que cada individuo sea capaz de hacer por sí mismo.**

Un estilo de vida nefasto

- **Unos 50.000 españoles mueren al año a consecuencia de su mala alimentación y forma de vida sedentaria.**
- **Para millones de personas, la vida supone tal frustración que encuentran su única esperanza de aliviar el tedio bebiendo y comiendo demasiado.**

Está claro que la vida moderna nos proporciona todos los ingredientes nocivos para nuestro cuerpo: coches, ascensores, escaleras mecánicas..., mandos a distancia para programar nuestra música favorita en el lector de CD o cambiar de canal sin movernos del sillón: múltiples artilugios que nos hacen la vida más fácil... y cada día más sedentaria. Incluso ahora con el auge de Internet y el amplio abanico de servicios que nos ofrece, ya no tenemos que desplazarnos para comprar ni hasta para conocer a gente nueva. Más que nunca en toda la historia de la humanidad, hay muy pocas ocasiones en las que debemos usar nuestros músculos, de modo que tendemos a olvidar que están ahí, a considerarlos como un apéndice, como ya he dicho. Se atrofian, la grasa va ocupando su lugar, nos cansamos con el mínimo esfuerzo físico. Nuestra espalda encorvada y nuestras carnes fláccidas reflejan nuestro modo de vida sedentario.

Al sedentarismo creciente se añaden unos hábitos alimenticios cada vez más nocivos para nuestra salud: vamos más a menudo al restaurante, almacenamos en nuestras despensas latas de conservas y platos preparados llenos de grasas saturadas, bebemos alcohol y refrescos llenos de azúcar, por no hablar de los adictos a la nicotina o a otras sustancias más peligrosas. No sólo descuidamos nuestro cuerpo, sino que también lo despreciamos. **Cavamos nuestras propias tumbas con nuestros dientes**.

- **Tu cuerpo está diseñado para ser usado.**
- **Tu cuerpo no soporta el estrés de estar de pie o sentado todo el día.**
- **A tu cuerpo le encanta la actividad, y así prospera.**
- **Necesitas gastar energía para tener más energía y vitalidad.**
- **Un cuerpo en forma es capaz de funcionar a su máximo potencial.**
- **La gente en forma tiende a sentirse bien y a estar a gusto consigo misma.**

Tú eres el máximo responsable de tu salud

La medicina cura la enfermedad. Tú la puedes prevenir.

El mundo en que vivimos y los tipos de conducta que seguimos atacan nuestros cuerpos y ponen en peligro nuestra salud. No está mal otorgarse placeres de vez en cuando, al contrario, pero como en todo, los abusos son perjudiciales, y lo más probable es que tu cuerpo te pase factura, una factura que puede ir desde un sobrepeso molesto hasta enfermedades cardiovasculares, pasando por la fatiga crónica o problemas de colesterol.

Todo empieza con insomnios, dolores de espalda. Luego empeoran los síntomas de tu mala salud: bultos, paros cardíacos, depresiones... Llega el momento de hacer algo... «¡Hola, señor doctor! ¿No tendría usted pastillas para dormir? ¿Para soñar? ¿Para que ya no me duela nada? ¿Para ser feliz?» Llenas el botiquín de tu casa con suplementos vitamínicos para tener vitalidad durante el día, y de infusiones de valeriana para dormir por la noche. *Prozac* y *Lexatin* para acercarse a un espejismo de felicidad. Tratamientos para reducir el nivel de azúcar en la sangre, para el colesterol... Pastillas para todo... No me extraña que hoy en día haya tantas farmacias por las calles de las ciudades, hasta donde se arrastran cuerpos doloridos, rostros infelices.

Ésa no es la solución. La solución se halla en ti. Tú puedes prevenir la enfermedad si te responsabilizas de tu salud. El problema es que es más fácil responsabilizar a otro que a ti mismo. De modo que acudes al médico para que repare tu cuerpo deteriorado. Pero el médico-fontanero, al examinar tu cuerpo-edificio, te dice: «Señor, el problema no es la gotera que usted tiene en las tuberías: todas sus tuberías están oxidadas. Yo le puedo tapar este agujero, pero como usted no se responsabilice de su edificio, le van a salir goteras por todas partes». Al médico, en vez de verte cuando estás enfermo, le gustaría saber que actúas de modo responsable y que te haces cargo de tu propio destino. Es más, los investigadores científicos lo afirman: los próximos avances en materia de salud dependerán fundamentalmente de lo que cada uno decida y sea capaz de hacer por sí mismo. Somos todos responsables de nuestra propia salud. **Tú eres el máximo responsable de tu salud**.

- **La medicina alivia el dolor, físico o psíquico. La medicina intenta curar la enfermedad. Tú puedes evitarla, manteniéndote sano, responsabilizándote de tu propia salud.**
- **Responsabilízate de tu salud. Adopta una nueva forma de vida.**

Muchas son las personas que echan la culpa de sus diversos dolores y de su creciente sobrepeso al envejecimiento. Se quejan, pero se justifican: «Es normal, es ley de vida». Pues yo no estoy de acuerdo: si acumulamos grasa, si echamos tripa, si nuestro cuerpo intenta por cualquier vía avisar de su presencia, no es porque envejezcamos, más bien todo lo contrario: envejecemos porque nos abandonamos. No puedo dar a nadie una cura mágica que haga desaparecer todos estos males, pero sí te puedo asegurar que la solución existe: cambia tu alimentación, adopta hábitos sanos, haz ejercicio. Abandona tu pantalla de ordenador o tu televisor, y haz un hueco en tu agenda para dedicarle tiempo a tu cuerpo. Lo necesita. Lo necesitas. La excusa de «no tengo tiempo» no vale. Si Tom Cruise o el mismísimo presidente del Gobierno encuentran tiempo para ponerse en forma, ¿cómo no lo vas a encontrar tú? Si te responsabilizas de tu salud, ya verás cómo disminuyen tus visitas al médico y cómo se reducen tus gastos de farmacia. Adiós a los resfriados de repetición, dolores de espalda y otras pequeñas molestias que te hacen la vida imposible. Adiós a la grasa.

Como entrenador considero que mi profesión no sólo consiste en enseñarte a hacer ejercicio físico, sino también a proporcionarte pautas de comportamiento que te ayuden a vivir mejor. Muchos clientes (debería decir «pacientes», porque en realidad sus cuerpos están enfermos) me comunican sus dolencias: «No duermo, me duele la espalda, estoy gordo...». En vez de darles la cura mágica que están solicitándome, les insto a reflexionar sobre sí mismos y sobre su estilo de vida. Además de facilitarles consejos sobre alimentación y ejercicio, les explico que deben aprender a manejar el estrés e incluso a respirar. Pocas personas saben en qué grado una buena respiración es fundamental para evacuar las sensaciones de malestar o de agobio. Muchos comparten mi filosofía sobre salud y curación, y están muy motivados para responsabilizarse de su bienestar físico y emocional. Sólo necesitan que les orienten para llevar a la práctica sus buenas intenciones. Éste es el papel de un buen entrenador.

¿Por qué debes hacer ejercicio?

Debes hacer ejercicio porque:

- **La vida es cada vez más sedentaria.**
- **La esperanza de vida aumenta.**
- **Tu cuerpo es tu más fiel compañero a lo largo de toda tu vida.**

Los tiempos han cambiado. El concepto de estar en forma ya no es el mismo. Antiguamente, no hace tantos años, lo que se anhelaba era el bienestar material, un coche, una casa, una lavadora, no tener que preocuparse por el futuro: todo un lujo en aquel entonces. Estar en forma significaba poder trabajar para ganar y ahorrar dinero. Estar sano equivalía a no padecer ninguna enfermedad que nos incapacitara. Hoy, en las sociedades occidentales, todos, o casi todos, hemos alcanzado este bienestar material, y lo que nos interesa es otro tipo de bienestar: dormir bien, disfrutar de nuestro deporte favorito, tener un cuerpo tonificado y elegante.

Otro factor que ha cambiado es la esperanza de vida. Somos más longevos que nuestros abuelos. Éstos no se preocupaban por llegar en forma a los 80 años, por la sencilla razón de que eran pocos los elegidos que cumplían esa edad. A los 60 uno estaba cansado, era mayor, tenía ocupaciones muy restringidas: jugar a las cartas, dormir la siesta. Hoy en día, gracias a los progresos de la medicina, de la higiene, gracias a la mejora de la calidad de vida, a los 70 años, uno es joven, se siente joven, con todavía unos 20 o 30 años de vida por delante. Durante este tiempo, gracias a los avances sociales, podrá disfrutar de su tiempo libre después de toda una vida dedicada al trabajo. Veinte o treinta años de ocio y de descanso, rodeado de nietos, con la perspectiva de viajes que quizá antes no se han podido hacer, por falta de tiempo. En fin, una nueva vida, que hay que poder y saber disfrutar.

Tus excesos de ahora te pasarán factura dentro de treinta o cuarenta años. Así que bebe, come y sé feliz, pero no te descuides.

¿Qué pasa si llegas a la dulce jubilación con un cuerpo agotado por la vida sedentaria, el trabajo, el estrés, las comidas de negocios? Tendrás un cuerpo desgastado, un cuerpo que ya no puede cumplir los deseos de una mente todavía joven. Está en tus manos poder evitarlo. Quítate la venda de los ojos y mírate al espejo sin reparos: verás un cuerpo muy distinto al que tenías a los 20 años. Entonces, tu cuerpo gozaba naturalmente de salud, y eso duraría toda la vida, creías. Pero no es así, la naturaleza es muy cruel, y el paso del tiempo, destructivo. A partir de los 30, tu cuerpo empieza a perder vigor, vitalidad. Aumenta la grasa, disminuye el tono muscular; al hacer un esfuerzo físico, rápidamente te encuentras sin aliento. El deterioro físico es obvio. Se nota la falta de ejercicio.

Claro, tú no te fijas, porque tu cuerpo y tú sois como una vieja pareja sumergida en la costumbre: convivís pero ya no os veis.

Os estáis convirtiendo en dos extraños. No te das cuenta de que tu cuerpo está perdiendo fuerzas y energía, músculos y elasticidad. Prefieres ignorar que deja de ser el compañero fiel y leal en el que siempre podías confiar, que empieza a fallarte. Pero todavía no es tarde, aún puedes resucitar la llama. Sólo tienes que cuidarle. **Dale a tu cuerpo lo que te pide a gritos: tiempo y respeto. Ejercicio y vida sana**.

- **¿Cómo voy a vivir los próximos diez años de mi vida?**
- **¿Cómo debo vivir ahora para crear el futuro que me corresponde?**
- **¿Qué medidas puedo tomar hoy para que mañana sea sinónimo de salud, fuerza y vitalidad?**

Si tú te responsabilizas ahora de tu salud, si ahora decides escuchar las necesidades de tu cuerpo, no sólo perderás esta grasa que tanto te molesta, no sólo te asegurarás una vejez dinámica y llena de vitalidad, sino que también, y sobre todo, podrás disfrutar ahora mismo de un bienestar que desconoces. Porque, al fin y al cabo, lo que importa no es tanto vivir más, sino vivir mejor. La medicina te ofrece la posibilidad de alargar tu vida, es cierto, pero ¿qué tipo de vida? **El *fitness* mejorará la calidad de tu vida**. Te proporcionará una sensación que te queda por descubrir: un bienestar real, tangible, a nivel físico, mental, social, emocional.

Ésta es mi definición de la buena salud: estar bien consigo mismo. Lo que más deseo es que, al cerrar este libro, compartas conmigo esta convicción... y que te pongas manos a la obra.

Una alimentación correcta, un modo de vida sano, la práctica regular de ejercicio, éstas son la condiciones para estar realmente en forma. Todo se enseña, todo se aprende. El *fitness* es una escuela de perseverancia y de paciencia. Desconoces tu verdadero potencial, y no eres el único.

Millones de personas todavía ignoran las riquezas que recelan vuestro cuerpo y vuestra voluntad. Si te lo propones, si lo quieres de verdad, tú también podrás descubrir lo que es estar realmente en forma. **La clave del éxito radica en la habilidad que tengas de mantener la motivación**. Por lo tanto, considero fundamental ayudarte a encontrar la motivación. Como reza el anuncio de una famosísima marca de zapatillas de deporte, *you can do it*, tú puedes hacerlo..., si quieres.

LOS ENEMIGOS DE LA BUENA SALUD

- **Inactividad.**
- **Alimentación inadecuada.**
- **Dificultades para superar el estrés.**
- **Tabaco.**
- **Consumo excesivo de alcohol.**
- **Drogas.**

Encuentra la motivación

La clave del éxito está en la motivación. Por eso he decidido poner a tu disposición mis años de experiencia, para ayudarte a encontrarla, para enseñarte cómo cumplir con lo que te has propuesto: convertirte en una persona más saludable. Yo soy entrenador y, como ya he dicho, considero que mi papel consiste en

- **Hay todo un mundo entre el saber hacer lo que tienes que hacer y hacerlo de verdad.**
- **Muchas personas saben qué hacer, pero pocas hacen lo que saben.**
- **Saber es insuficiente. Tienes que actuar.**
- **Saber es poder cuando se pone en práctica lo que se sabe.**
- **La clave de un buen entrenador es la capacidad que tenga de educar y motivar a sus clientes, de «cambiarles el chip».**
- **Como todo en la vida, hay que pagar un precio por un cuerpo tonificado.**

ayudar a mis clientes para que abandonen patrones nocivos de comportamiento y pensamiento y adopten un estilo de vida saludable. Para mí, eso es el *fitness*. Y la tarea no es fácil, porque los hábitos (malos) adquiridos desde hace años y años no se borran en pocas semanas. Cambiar la dieta y los hábitos de ejercicio requiere esfuerzo.

El largo viaje hacia la buena salud que mis clientes emprenden conmigo no es un paseo, y muchas veces suelo empezar diciéndoles que el músculo que más van a desarrollar conmigo es el músculo de la voluntad y de la disciplina. A veces se sorprenden, porque creen que por el simple hecho de contratar mis servicios y hacerse socios del gimnasio se van a poner en forma, así, sin más, o con poco más. Pero yo no soy un mago, sólo soy un guía y les enseño el camino para que puedan descubrir su potencial físico. **Les puedo llevar a la fuente para que sacien su sed, pero los que van a tener que asomarse para beber son ellos mismos**. Ya en nuestro primer encuentro, suelo avisarles: es más importante lo que hagan fuera del gimnasio que lo que hagan en él. Si no introducen una nueva disciplina en su vida cotidiana, si no cambian sus malos hábitos alimenticios, no está en mi poder ponerles en forma. Tienen que responsabilizarse ellos mismos de su salud y de su bienestar. Estoy aquí para darles el apoyo que necesitan al principio de un programa de entrenamiento, pero es esencial el compromiso individual de cada uno consigo mismo.

La mayoría de la gente no encuentra la motivación para cambiar sus hábitos de vida. La gente acude a mí porque quiere ponerse en forma pero no se imagina capaz de conseguirlo sin una ayuda externa, sin alguien que les obligue, alguien que les motive. Yo soy esa ayuda y por eso siempre digo que la clave para ser un buen entrenador es la capacidad de motivar a sus clientes. No basta con saber mucho y ser un experto. Como el éxito depende de la constancia y la perseverancia, si el entrenador es incapaz de motivar al cliente a que vuelva al gimnasio, no triunfa. Si consigue que se aficione y que ya ni le necesite, ha ganado la guerra de la buena salud física. El cliente se convierte en aliado y sus victorias sobre sí mismo también son las de su entrenador.

Ésa es la meta que persigo: hacer que mis clientes dejen de necesitarme y que ya no hagan ejercicio por obligación sino porque les gusta.

Empezar es fácil, lo difícil es seguir

- **El 60% de las personas que se inscriben en un gimnasio abandona al mes, y otro 20% lo hace en los tres meses siguientes.**
- **Es la disciplina de la constancia, no el drama del inicio, lo que cambiará tu vida y tu cuerpo.**

Estoy convencido de que antes de abrir este libro ya sabías que una buena alimentación y la práctica regular del ejercicio físico son fundamentales para disfrutar de una buena salud. No es nada nuevo para ti. Sin embargo, sigues con lo de siempre: «El mes que viene, me apunto al gimnasio», «El mes que viene, empiezo con la natación»... Ya está aquí el mes que viene, o el siguiente, y dices: «Es que me viene muy mal el horario», «Tengo mucho trabajo», «Entre la oficina y los niños, estoy muy liada»... Buscas excusas y retrasas el momento de llevar estas buenas resoluciones a la práctica. ¿Por qué? Quizá porque la educación física fue siempre una asignatura pendiente para ti, y recuerdas con horror lo torpe que te hacía sentir tu profesor de instituto. O ya te apuntaste el año pasado al gimnasio, y sólo fuiste dos veces, así que no quieres repetir ese sentimiento de fracaso. Quizá sea autoestima lo que te falte. Piensas que no eres capaz de mantener contigo mismo el compromiso de hacer ejercicio de modo regular y constante, por falta de voluntad o porque consideras que no tienes la suficiente habilidad física. Te equivocas. La práctica regular del ejercicio te proporcionará esa autoestima de la que careces. Déjate de dudas, y lánzate a la piscina (tanto en sentido propio como figurado): hacer ejercicio está a tu alcance, está al alcance de todos. No te limites a pensar en ello: es hora de practicar.

Practicar: eso decidiste en otras ocasiones. Te hiciste socio de un gimnasio, quedaste con una amiga en ir a la piscina dos o tres veces a la semana. Estupendos planes que se fueron a pique en un par de semanas: imprevistos, citas importantes o tardes de cine te impidieron acudir con regularidad a las clases o hicieron que le dieras plantón a tu amiga. Y lo dejaste. Lo dejaste, porque no tenías tiempo, dijiste. ¿No tenías tiempo?

Hay 168 horas en una semana, y todo lo que necesitas son 4 $^1/_2$ horas para obtener una forma física decente... Te quedan más de 160 horas para todas las otras cosas importantes. Estarás de acuerdo conmigo, es una inversión mínima de tiempo para sacar unos beneficios cuantiosos: estar en una forma óptima y sentirse lleno de energía y vitalidad. Pero lo que te ha faltado es paciencia. En efecto, se suele tardar tres o cuatro meses para apreciar los beneficios del ejercicio físico, y entonces ya ni te planteas abandonar. Pero pocos son los que tienen la perseverancia necesaria para llegar a este punto. Las cifras hablan por sí mismas: el 60 % de las personas que se inscriben a un gimnasio abandona al mes, y otro 20 % lo hace en los tres meses siguientes. Y ¿qué me cuentas de todos aquellos aparatos ultramodernos que venden en televisión, anunciados por estrellas de Hollywood, y que te prometen resultados milagrosos? El 90 % acaba debajo de las camas o en los armarios, oxidándose (como los músculos de sus compradores) y cosechando polvo.

No obstante, quiero considerar el lado positivo de estos datos: demuestran que la gente está concienciada. ¿Quién se atreve a afirmar abiertamente que el ejercicio es inútil? ¿Cuántas veces has asistido a una conversación acalorada en la que una persona sostenía firmemente que el ejercicio es una pérdida de tiempo? Cuando surge el tema del ejercicio, los que no lo valoran suelen callarse, y si una persona que no hace ejercicio se encuentra rodeada de aficionados entusiastas, lo más probable es que se sienta incómoda y culpable por no estar en forma. En el fondo, todos sabemos que el ejercicio es bueno para la salud. Entonces, ¿por qué te resulta tan difícil hacer algo cuando sabes que es bueno para ti? Lo que te pasa, como a la mayoría de la gente, es que no sabes por dónde empezar. O, mejor dicho, empezar, sí que sabes. Lo que no sabes es cómo seguir, continuar lo iniciado, perseverar, y hacer que el ejercicio deje de ser una obligación para convertirse en un elemento vital para ti. Haciendo un paralelismo entre la adicción al tabaco y la pereza ante la práctica del ejercicio físico, citaré a un amigo mío, viejo sabio, fumador empedernido: «Dejar de fumar es fácil, lo he hecho cientos de veces». Todo está dicho: empezar es fácil, lo difícil es seguir.

Es un error poner siempre el énfasis en el inicio. Puede que tengas objetivos ambiciosos y empieces fuerte, pero no servirá de nada si no eres capaz de seguir el programa de entrenamiento que has preparado. Es la disciplina del mantenimiento, no el supuesto y cacareado drama del inicio, lo que te convertirá en una persona más saludable y cambiará tu vida. En el *fitness*, como en el amor y en los negocios, lo que importa no es tanto empezar fuerte, sino continuar lo iniciado.

Fíjate en las etapas del romance. La pasión y el entusiasmo son la marca indeleble del inicio de una relación. Se suele decir que en una historia de amor lo más bonito es siempre el principio. Todo es nuevo, maravilloso. Pero cuando la relación se hace estable, aparece la rutina, desaparece el encanto. Y desgraciadamente muchas parejas se desintegran porque sólo les une la excitación de la novedad. Para que una pareja dure y supere el paso del tiempo, lo que se necesita es amor, eso por supuesto, y también ganas de sacarla adelante, ser capaz de encontrar diversión en la vida cotidiana y rutinaria, tener la voluntad de construir algo con otra persona, en dos palabras: motivación y madurez. Pasa lo mismo en el mundo de los negocios. No se crea una fortuna inmensa en un día, sino durante años y años de trabajo, de dedicación completa. Para empezar un negocio se requiere iniciativa, entusiasmo, chispa emprendedora. Alcanzar el éxito es cuestión de tiempo y esfuerzo. Tener una voluntad de hierro, un objetivo claro y disfrutar persiguiéndolo: ésta es la receta mágica del empresario exitoso. Otra vez, en una palabra: motivación. Motivación para seguir adelante, motivación para que el esfuerzo se convierta en fuente de placer: esto es lo que importa, tanto en el amor y en los negocios, como en la búsqueda de la buena forma física.

El secreto de la disciplina

- **Convertir el ejercicio en una rutina de vida es un premio que, como todo lo muy valioso, no se consigue sin esfuerzos.**
- **El colmo de la locura consiste en repetir los mismos actos y esperar resultados diferentes.**

A veces me pregunto por qué algunos de mis clientes, a pesar de toda la información que les facilito sobre salud y forma física, no consiguen transformar sus cuerpos. Les he explicado todo lo que necesitaban saber en cuanto a los beneficios de una buena alimentación y de la práctica regular del ejercicio, pero no han tomado ni una medida consecuente. ¿Será que no tienen disciplina? Pero ¡si muchos de ellos son auténticos triunfadores en el mundo de los negocios, de los medios de comunicación o del arte! ¡Algo de disciplina tendrán! Si en cualquier campo, el éxito es un 80 % de disciplina y un 20 % de suerte, estoy convencido de ello. Por lo tanto, he llegado a la conclusión de que una persona puede ser disciplinada en determinadas áreas de su vida y en otras no. Creo que el hombre que vende *La Farola* en la esquina de mi calle, desde las 9 de la mañana hasta las 6 de la tarde, tiene tanta disciplina como un atleta olímpico. Disciplina, todos tenemos, pero la aplicamos en distintos sectores de nuestras vidas. **Lo que quiero es que tengas disciplina para ponerte en forma. Para ello, debes cambiar tus hábitos de vida y crearte nuevas costumbres acorde con tus objetivos**.

Pero ¿qué es un hábito? Un automatismo, una pauta de comportamiento que forma parte de nuestra rutina vital y que se refleja tanto en nuestro modo de vestir, como en nuestras relaciones con los demás o en cualquiera de nuestros actos cotidianos. Los hábitos son patrones de vida arraigados, sean buenos o malos: ése es precisamente el problema. Salvando distancias, para el atleta olímpico el ejercicio es un elemento tan vital como la heroína para el drogadicto. Para ambos, suprimir estos hábitos supone esfuerzo y sacrificio. Sin embargo, aunque cambiar de hábitos es difícil, es imprescindible si quieres rectificar el rumbo de tu vida en cualquier ámbito. ¿Tu objetivo es ganar mucho dinero? Si no trabajas más o si no corres el riesgo de dejar tu empleo cómodo pero sin perspectivas de ascenso, no lo lograrás. Lo mismo ocurre con tu cuerpo. ¿Quieres perder grasa y ponerte en forma? Si sigues bebiendo alcohol, fumando e intoxicando tu cuerpo con comida basura, no te hagas ilusiones: es muy poco probable que lo consigas.

- **¿Quieres ganar más dinero?**
- **¿Quieres un cuerpo mejor?**
- **¿Quieres estar en forma?**

Define tus objetivos y actúa consecuentemente para conseguirlos.

Para lograr lo que te propones, cambia tu modo de actuar y créate nuevos hábitos. Piensa que el comienzo de un hábito es como un hilo invisible: cada vez que se repite el acto, se fortalece el hilo, añadiéndose otro filamento hasta que el hilo se transforma en una cuerda que nos ata a una nueva forma de hacer las cosas. En otras palabras, cualquier cambio en tu comportamiento o en tus patrones de vida que vayas repitiendo con constancia y perseverancia acabará convirtiéndose en un automatismo. Cambiar tus hábitos laborales o tu rutina alimenticia, así como convertir el camino hacia el gimnasio en un paseo tradicional, es un proceso largo y no exento de sufrimiento. No es fácil renunciar repetidamente al placer inmediato de unas lasañas congeladas o de una tarde de descanso en el sofá para sustituirlo rigurosamente por el esfuerzo que supone preparar una comida sana y sudar una hora en el gimnasio. Pero el resultado merece la pena. Cuando el ejercicio llega a ser un automatismo como comer o dormir, ni te planteas eliminarlo de tu vida. Ya no puedes prescindir de los beneficios físicos y psicológicos que te proporciona.

Todo lo valioso en la vida tiene un precio. ¿Estás dispuesto a pagar el precio para estar en forma? ¿Para vivir mejor y más tiempo? Fortalece el hilo de tus nuevos hábitos.

> ***«Considero que se debe huir de los placeres si tienen como consecuencias mayores sufrimientos, y que se debe codiciar el sufrimiento que conduce a mayores placeres.»*** **MONTAIGNE**

De tu motivación depende el éxito de tu viaje hacia la buena salud y la buena forma física. Pero quizá sigas preguntándote qué entiendo por motivación y sobre todo cómo puedes motivarte. He aquí cuatro consejos que te serán de gran ayuda para alcanzar tu objetivo:

- Date una buena razón para hacer ejercicio.
- Convierte el ejercicio en un elemento más de tu vida social.
- Impónte una disciplina.
- Sé realista y paciente.

Y sobre todo, recuerda: **¡SÍ TIENES TIEMPO!**

Sí tienes tiempo

> - **El tiempo que no aprovechas se desvanece para siempre.**

«No tengo tiempo»: ya estamos con la sacrosanta fórmula, la excusa que todos solemos alegar para justificarnos por no hacer ejercicio. Pues ni la acepto ni la quiero aceptar. Ya te lo he dicho, si Tom Cruise o el presidente del Gobierno encuentran momentos en su apretada agenda para hacer ejercicio, no creo que tú no puedas encontrarlos. Hay 24 horas en un día, o sea 1.440 minutos divididos en 86.400 segundos. No puedes almacenar los segundos para utilizarlos cuando te convenga, y tampoco está en tu poder detener el tiempo. Si no quieres perderlo, no te queda más remedio que aprovecharlo.

Desgraciadamente, mucha gente desperdicia esos valiosos minutos que nunca volverán dedicándose a actividades que no suponen nada importante para su vida. Es cierto que en nuestra sociedad, el trabajo ocupa una gran parte de nuestro tiempo. Pero trabajar muchas horas no siempre significa ser eficiente. Piénsalo: en un día de oficina, ¿cuántas veces permaneces al lado de la máquina de café charlando con los compañeros? ¿Están todas tus conversaciones telefónicas relacionadas con tu trabajo? Y ¿qué me dices de esos minutos que dedicas mentalmente a preparar la cena o el próximo fin de semana? Si sumaras todos estos minutos, te darías cuenta de que pasas mucho más tiempo en la oficina de lo que necesitas realmente para desempeñar correctamente las tareas que te están asignadas.

En realidad, tienes más tiempo libre de lo que crees. Y aún tendrías más si no te dejaras hipnotizar por la caja tonta y si planificaras tus actividades. Pierdes tiempo porque no sabes aprovecharlo.

He aquí algunos consejos para sacarles el debido provecho a las horas que tienes a tu disposición (24 al día, como todo el mundo).

1. **Reconoce que tienes tanto tiempo como cualquiera**. Las personas que tienen éxito suelen estar tan ocupadas –¡o

más!– como tú. Ellas también tienen una carrera profesional, una familia, amigos, obligaciones y problemas. Pero consideran que mantenerse en forma es precisamente una de sus obligaciones.

2. **No veas tanto la tele**. Es cierto que la televisión puede ser una manera de pasar un buen rato o de desconectar después de un día de trabajo, pero también es desgraciadamente la ocupación que más tiempo absorbe en nuestra vida. Si bien algunos programas resultan instructivos o realmente entretenidos, la mayor parte del tiempo la televisión hipnotiza y embrutece. Nos dejamos llevar por la inercia y vemos programas que ni siquiera nos interesan, tumbados durante horas en el sofá mirando fijamente a una caja que emite sonidos e imágenes. ¿No crees que podríamos aprovechar este tiempo dedicándonos a actividades más interesantes, como cuidar nuestra salud, por poner un ejemplo? Antes de encender la tele, pregúntate si no tienes algo mejor que hacer. Verás cómo la mayoría del tiempo la respuesta es *sí*.
3. **Organiza tu tiempo**. La mejor técnica para aprovechar convenientemente el tiempo es organizándolo. Cada noche, planifica el día siguiente: prepara una lista de las cosas importantes para ti que debes hacer, entre las que incluirás el ejercicio físico y las comidas equilibradas. Durante el día, llévate a todas partes tu lista contigo y comprueba que vas cumpliendo con lo que te has propuesto. En cambio, si, al levantarte no tienes ni idea de cómo va a transcurrir el día, perderás tiempo al intentar ajustarlo a las cosas que van surgiendo, reflexionando sobre lo que vas a hacer, y cómo lo vas a hacer. Si planificas tu día, te darás cuenta de que puedes eliminar obstáculos inútiles y te asombrarás de la facilidad con la que vas alcanzando tus objetivos.
4. **Habla menos por teléfono**. Las conversaciones telefónicas, tanto personales como profesionales, representan demasiado

tiempo en nuestra vida. Si lo piensas bien, muy a menudo sirven para llenar un vacío o darnos la sensación de que estamos ocupados. Intenta controlar el tiempo que pasas hablando por teléfono. Con cinco minutos sueles tener tiempo de sobra. Pon un despertador al lado del aparato. Ya verás cómo es eficaz.

5. **Haz ejercicio de modo regular**. Es la pescadilla que se muerde la cola. Mucha gente dice que no tiene tiempo para hacer ejercicio porque está muy ocupada, agotada, y necesita descansar. Sin embargo, está científicamente demostrado que el ejercicio practicado de modo regular proporciona energía y mejora la calidad del sueño. Una persona que duerme bien y tiene energía resulta más productiva en su trabajo, por lo cual tiene más tiempo para dedicarse a cuidar de su forma física. Si está en forma, trabaja mejor. Si trabaja mejor... ¿Entendido?

Organiza tu tiempo en función de tus objetivos y establece prioridades: ya verás cómo se dilatan los días. Te asombrará el número de cosas que puedes hacer en 24 horas, y cada noche te acostarás con la placentera sensación de haber hecho todo lo que debías. **Descubrirás que sí tienes tiempo**.

Date una buena razón

- **La vanidad parece una buena motivación: te empuja a levantarte del sofá. Sin embargo tiene efectos poco duraderos. Al cabo de un tiempo, las personas que hacen ejercicio por vanidad se aburren y no encuentran sentido a la práctica del ejercicio. Tienen que buscarse mejores razones para no abandonar.**
- **Si quieres conseguir tu objetivo, tienes que darte una buena razón para hacerlo.**

Durante años, he procurado comprender por qué tanta gente se desanima, por qué abandona sus programas de entrenamiento, por qué tira la toalla, cuando lo que más desea, al fin y al cabo, es estar en forma. He dado con la respuesta: si quieres conseguir tu objetivo, tienes que darte una buena razón para hacerlo. Volveré al ejemplo de los fumadores. Cuánta gente he conocido que lo intentó todo para dejar de fumar: parches y chicles de nicotina, acupuntura..., sin éxito. Hasta que un día, así, por las buenas, deciden ya no volver a llevarse ni un solo cigarrillo a la boca. Nunca jamás. Y lo consiguen. ¿Qué pasó? Han tenido la voluntad de hacerlo porque han encontrado una buena razón para ello: una mujer embarazada teme por la salud de la criatura que está creciendo en sus entrañas; un ejecutivo que fuma tres paquetes al día se entera de que los médicos le han diagnosticado a su mejor amigo un cáncer de pulmón en fase terminal; más fútil (pero igual de eficiente), otra mujer deja de fumar porque acaba de leer un artículo en el que explican que fumar, además de perjudicar seriamente la salud, puede acelerar la formación de las arrugas... Cualquiera que sea el motivo, de repente estas personas «cambian el chip» y hallan en sí mismas la fuerza y la voluntad necesarias para abandonar un hábito profundamente arraigado.

Pasa lo mismo con la práctica regular del ejercicio físico: tienes que encontrar la razón que a ti te motive. No digo las razones, sino «La Razón», la que de verdad será el motor que te permita seguir adelante con tu programa de entrenamiento y respetar tu compromiso contigo mismo, con tu cuerpo y tu mente. Los peligros vinculados con la vida sedentaria y el sobrepeso, los conoces de sobra: has leído un montón de artículos sobre el tema y sabes que incrementan los riesgos de diabetes, enfermedades cardiovasculares, etc. Pero no por eso te has decidido a cambiar tus hábitos. No modificas tu dieta y te da pereza hacer ejercicio. Sin embargo, si tu médico te anuncia que tu nivel de colesterol y tu nivel de azúcar en la sangre son demasiado altos y ponen tu vida en peligro a medio o largo plazo, lo más probable es que modifiques tus hábitos alimenticios, a no ser que seas un inconsciente. Si tu sobrepeso dificulta tu movilidad, practicar ejercicio no te parecerá nada superfluo: habrás encontrado la motivación.

¡No te asustes! No es necesario ponerse tan dramático. Si eres mujer, quizá encuentres la motivación si te imaginas a ti misma en ese vestidito negro tan bonito que viste ayer en un escaparate: de momento, ni hablar. Tu «morfología mediterránea», como dicen en las revistas, no te lo permite. Pero, si empiezas y sigues con rigor un programa de entrenamiento, dentro de unos meses, ese vestidito, esos vaqueros, te sentarán perfectamente. Éste puede ser el secreto de tu motivación: un cuerpo en el que te sientas a gusto, que te dará confianza en ti misma. Si eres hombre, sentirte atractivo para la mujer de tu vida puede ser una buena razón para mantener el esfuerzo y la disciplina que supone la práctica del ejercicio físico.

Sin embargo, no dejes de recordar que la vanidad no es una razón suficiente. Si bien es cierto que te empuja a levantarte del sofá, tiene efectos poco duraderos. Al cabo de un tiempo, las personas que hacen ejercicio por vanidad se aburren y no encuentran sentido a la disciplina que intentan imponerse. Tienen que buscarse mejores razones para no abandonar. Sentirse en forma, no llegar agotado después de subir un tramo de escaleras, reducir el nivel de estrés..., éstas son algunas buenas razones para seguir con la práctica del ejercicio. Elige la tuya. Cada uno, cada una tiene que encontrar su propia razón para motivarse.

Convierte el ejercicio en un elemento más de tu vida social

- **El ejercicio físico supone esfuerzo, así que es preferible hacerlo lo más ameno posible practicándolo en buena compañía.**

Otro elemento fundamental de la motivación es sentirse acompañado en el viaje hacia la buena forma física. El ejercicio físico supone esfuerzo, así que es preferible hacerlo lo más ameno posible practicándolo en buena compañía. Si te apuntas a un gimnasio, no te sentirás sólo pues practicarás con otra gente que irás conociendo. Incluso, ir al gimnasio llegará a formar parte de tu vida social. Pero si decides hacer ejercicio por tu cuenta, hacer *footing*, o ir a la piscina, es bueno implicar a otra persona. Tú te comprometes con ella y ella se compromete contigo. Los dos os apoyáis y os motiváis, y si un día te invade la pereza, tu compañero/a se encargará de recordarte tu compromiso y tú no querrás fallarle. En cualquier caso, tienes que fijarte un horario específico para la práctica del ejercicio físico: unos días y unas horas concretos. Así es como te creas una disciplina y consigues que la obligación se convierta en hábito. Si no te lo impones, una vez más es muy probable que, practicando una semana sí y otra no, al final lo vayas dejando del todo.

Impónte una disciplina

Imponerte un horario y establecer un programa de entrenamiento es otra regla de oro. Pero, ¡ojo!, no te pases. Sé realista y no te propongas objetivos irrealizables: más vale planificar tres sesiones de ejercicio a la semana y seguir cumpliendo, que empezar con cinco sesiones semanales y abandonar al mes porque no puedes mantener este horario. Si has decidido acudir tres veces a la semana al gimnasio, y un día no puedes por cualquier motivo (resfriado, coche averiado, cena entre amigos), siempre podrás acudir al día siguiente y respetar tu compromiso de hacer ejercicio tres veces a la semana. Si te obligas a cinco sesiones, te sentirás culpable si tienes que saltarte una clase y llegará un momento en que abandonarás, fiel al principio drástico de «o todo o nada». Ya lo he dicho: empezar fuerte es inútil e incluso perjudicial. Si al mismo tiempo dejas de fumar, decides adelgazar y empiezas ejercicio físico, lo más probable es que no aguantes y abandones todas tus buenas resoluciones al cabo de un mes. Tienes que ir paso a paso, así podrás mantener tu programa de entrenamiento y respetar tu compromiso contigo mismo. La clave para obtener buenos resultados es la constancia, el seguimiento.

Sé realista y paciente

La razón principal por la que muchas personas se desaniman y abandonan un programa de ejercicios es porque no consiguen en seguida resultados visibles. El sentimiento de frustración que les invade les paraliza y les impide seguir adelante. ¿Para qué tantos esfuerzos? ¿Para qué esas sesiones de tortura, que si flexiones, que si abdominales? Eso sí que es tener demasiada ambición y demasiadas exigencias: con años de vida sedentaria a la espalda y sólo unas cuantas sesiones de gimnasio, no se pueden ver resultados inmediatos. El cuerpo «Danone» con el que sueñas, no lo conseguirás en unas semanas. La sensación de placer al hacer ejercicio, tampoco. Estos resultados son el fruto de un entrenamiento riguroso y constante, y sólo los obtendrás si tienes «poder de mantenimiento», si tienes voluntad y perseverancia.

De modo que, en vez de centrarte sólo en este objetivo final, analiza tus pequeñas victorias y disfrútalas: fíjate en tu estado inicial e identifica las mejorías. Te sientes más fuerte, más vital, más relajado, tus muslos se afinan... Nunca olvides dónde estabas cuando empezaste y notarás tus progresos. Corres cada vez más tiempo, las sesiones de pesas te cuestan cada vez menos. Apunta tus ejercicios, su duración, la distancia que has recorrido si nadas o haces *footing*, cómo te sientes después del ejercicio. Esto te ayudará. Comprobarás que estás en el buen camino y encontrarás fuerzas para seguir adelante, para no perder la motivación.

Consejos para no abandonar	Obstáculos para la práctica regular del ejercicio
Hacer ejercicio en buena compañía.	Falta de tiempo.
Planificar un horario.	Instalaciones deportivas inexistentes o inadecuadas (piscina, gimnasio, cancha de tenis...).
Apuntar tus progresos y tus ejercicios.	Falta de conocimiento.
Proponerse objetivos realistas.	Falta de éxito.
Realizar ejercicios variados.	Falta de apoyo (familia o compañero de ejercicio).
Seguir un programa.	
Leer sobre salud y ejercicio físico.	

La práctica del ejercicio debe hacer que te sientas bien, a gusto contigo mismo. Si te sientes bien y además lo disfrutas, seguirás adelante. Si sigues adelante, te sentirás mejor todavía y empezarás a conseguir resultados. Mantendrás el esfuerzo y, aunque te cueste, seguirás acudiendo a tus clases de aeróbic y no faltarás a tus sesiones de natación. Si consigues cumplir con tu compromiso durante seis semanas, habrás logrado lo más difícil. Es un primer paso, la etapa en que es fundamental la motivación. El segundo paso llegará cuando ya no sólo estés haciendo ejercicio porque «tienes que», sino porque quieres, porque te gusta. La obligación se habrá convertido en elección. Entonces habrás conseguido una gran victoria sobre ti mismo. Después de un año practicando de modo regular y constante el ejercicio físico, lo más seguro es que ya nunca lo abandones. El *fitness* formará parte de tu vida. **Créeme, el ejercicio y la buena salud crean adicción**.

Para mí, es un privilegio ayudarte a emprender el viaje de la buena salud física. Tu triunfo será también mi triunfo.

EL MÉTODO

LA CLAVE DEL ÉXITO RADICA EN LA HABILIDAD QUE TENGAS PARA MANTENERTE CENTRADO Y MOTIVADO EN TUS OBJETIVOS.

Historias con un final feliz

«No me gusta el ejercicio. Ahora mismo estoy aquí, en este gimnasio, pero no cabe duda de que si pudiera elegir estaría mirando escaparates. De hecho, me gustaría más estar comiendo, durmiendo la siesta, viendo la tele o incluso limpiando la casa, que estar aquí. En realidad, me gustaría mucho más hacer cualquier otra cosa que enfundarme en las mallas, calzarme las zapatillas de deporte, y empezar a sudar pedaleando como una loca en una bicicleta estática. Sé que el ejercicio es bueno y por eso estoy aquí, pero **lo que más querría es acudir al gimnasio con gusto y con ganas**. Pero no lo consigo. No logro que el ejercicio deje de ser para mí una obligación y se convierta en una costumbre agradable. Dios sabe que lo he intentado todo. ¡A cuántas actividades me he apuntado! El *footing*, la bici, las pesas, las clases de aeróbic, el tenis..., todos sin éxito. La verdad es que sigue sin gustarme el ejercicio físico. No me gusta sudar. No me gusta estar encerrada entre cuatro paredes pegando saltos al ritmo de la música. No me gusta el ejercicio al aire libre cuando hace calor. No soporto la voz chillona del profesor de aeróbic cuya energía y vitalidad logran hacerme sentir todavía más torpe de lo que soy. No aguanto el reflejo de mi cara colorada del esfuerzo en el espejo. **Y encima de todo, lo que más me fastidia es que después de tanto sacrificio y sufrimiento no veo ningún resultado**.

»¿Por qué, pues, me empeño en hacer ejercicio? Porque soy consciente de los riesgos que conlleva una vida demasiado sedentaria. Sé que propicia no sólo el exceso de peso, sino también las enfermedades de corazón, los problemas de tensión, algunos tipos de cáncer, la diabetes, la osteoporosis y otras dolencias. Por eso, tres veces por semana voy al gimnasio a la hora de la comida y dedico cuarenta y cinco minutos de mi preciado tiempo a pedalear en la bicicleta estática o a correr en una cinta. ¿La verdad? Odio cada uno de estos cuarenta y cinco minutos. No me gusta el ejercicio..., aunque debo reconocer que después me siento muy bien y llena de energía para enfrentarme con la tarde de trabajo que me espera.

»Lo sé y no lo niego: el ejercicio me sienta fenomenal. No obstante, sigue sin gustarme. ¿Qué puedo hacer para remediarlo? ¿Tiene que ser el ejercicio físico una tortura? ¿Será que no he encontrado una actividad que me guste? ¿La encontraré alguna vez?»

Este discurso, repleto de dudas y contradicciones, lo oigo a diario en el gimnasio. Personalmente, yo creo que sí, que el *fitness* puede convertirse en una satisfacción, aunque también entiendo que no todo el mundo está destinado a enamorarse del ejercicio físico. Pero, dado que es una costumbre sana, ¿por qué no intentar que se parezca lo menos posible a un castigo? Con un poco de ayuda ajena y compromiso hacia ti mismo, puedes cambiar tu actitud respecto al ejercicio físico. Quizá no llegue a entusiasmarte locamente, pero por lo menos puedes aprender a que te guste un poco más. Está en tus manos hacer que el ejercicio físico llegue a ser algo tan imprescindible para ti como cepillarte los dientes: algo que haces porque sabes que es bueno para ti y que forma parte de tu vida.

He aquí historias ejemplares. Son personas a las que he conocido y que han logrado convertir el ejercicio en un hábito. Abrieron los ojos y se dieron cuenta de que algo debía cambiar en su forma de vida, en sus mentes, en sus cuerpos. Fueron capaces de creer que podían conseguirlo. Y lo han conseguido. *TODO EMPIEZA CON UN CAMBIO DE MENTALIDAD.*

Tanto si crees que puedes lograrlo como si no lo crees, los resultados te darán la razón: si crees que puedes, lo conseguirás; si crees que no puedes, no lo conseguirás.

ES EL PODER DE LA MENTE.

«Sigue sin gustarme el ejercicio físico»

Sonia Pons, de 23 años, estudia Biología en la Universidad Complutense de Madrid.

«Fui una adolescente gorda. Me sobraban por lo menos unos diez kilos. Pero tenía la impresión de que el ejercicio no servía para nada. De vez en cuando, decidía empezar con el *footing* o hacía ejercicio en casa, pero no me gustaba porque no veía resultados. Me preguntaba: ¿por qué molestarme? Además, me costaba hacer ejercicio durante una hora sin parar, de modo que siempre acababa dejándolo.

»Al final, me harté tanto de estos kilos que me puse en contacto con Fernando. Primero, me enseñó lo que era una dieta sana. Suprimí la comida basura y los platos precocinados de mi alimentación, y planifiqué mis comidas basándome en una combinación equilibrada de verduras, frutas, pollo y pescado. Aprendí a tomar un buen desayuno, con frutas y cereales integrales, y a cenar ligero. Fernando también me explicó cómo empezar un programa de entrenamiento de modo que no cediera a la tentación de abandonar: debía proponerme pequeñas metas que alcanzar (poder subir las escaleras sin perder el aliento, por ejemplo). Cada meta alcanzada era una victoria. Como ya tenía una bicicleta estática en casa, y dado que la bici es bastante fácil, incluso para los principiantes, me sugirió que hiciera cuarenta y cinco minutos de bici, cuatro veces a la semana. Empecé suave: primero quince minutos, luego veinte, treinta. A pesar de mis miedos a desarrollar demasiado músculo (miedos injustificados, ahora lo puedo afirmar), Fernando me convenció de que tenía que hacer pesas para tonificar mi tejido muscular. Me preparó un programa de ejercicios de resistencia cuya intensidad fui aumentando poco a poco a medida que iba haciendo progresos.

»Mientras iba perdiendo peso y volumen, la reacción positiva de mi familia y amigos me animaba: «¡Qué guapa estás! ¡Qué bien te quedan ahora estos pantalones!», me decían. Su apoyo me ayudó a no obsesionarme con los inconvenientes inmediatos del ejercicio, y a centrarme en mis objetivos a largo plazo. El resultado está ahí: adelgacé diez kilos en un año y medio. Y lo más importante: bajé dos tallas de ropa y me cambió la mentalidad. Estoy mucho más feliz conmigo misma.

»Ahora, sigo con mis tablas de pesas y con la bicicleta estática (ejercicio aeróbico). Cuando el tiempo lo permite, voy a correr al parque. A veces, para variar, pongo una cinta de vídeo con ejercicios aeróbicos y entreno en el cuarto de estar. Claro que todavía hay días en los que lo único que me apetece es tumbarme en el sofá, ver la tele y no hacer nada más. Si un día, por cualquier circunstancia que sea, me salto el ejercicio, procuro no preocuparme en exceso. Ahora bien, siempre hago ejercicio un mínimo de cuatro veces a la semana. Me he acostumbrado a ello y es parte de mi rutina. La verdad es que me siento mucho mejor.»

El problema de Sonia era que quería ver resultados de un día para otro, y dado que, lógicamente, no lo conseguía, se desanimaba, y así fue fracasando en sus sucesivos intentos. A Sonia había que darle la suficiente motivación para que no tirara la toalla. Le dije: «Piensa en los cambios duraderos, aunque lentos, que vas a conseguir, en vez de obsesionarte con resultados rápidos pero temporales». Vivimos en una sociedad que va deprisa, muy deprisa, y eso hace que solamos quererlo todo y en seguida. Debemos entender que, como cualquier cosa en la vida, conseguir un cambio duradero requiere tiempo y constancia. Sonia lo ha entendido.

- ¿Qué tipo de ejercicio hace Sonia ahora?
  Bicicleta estática: 30-40 minutos, 4-6 veces a la semana.
  Tablas de pesas: 3 veces a la semana.
- ¿Cómo ha cambiado su alimentación?
  Come sano e ingiere 1.800-2.000 calorías al día, repartidas en 4-5 tomas.

«No hay montaña que yo no pueda escalar»

José Tinture, de 47 años, es médico y vive en Madrid.

«Como muchos ejecutivos estresados, no dejaba de soñar en el día en que me podría retirar. Sin embargo, a medida que se acercaba ese momento, en vez de sentirme feliz, me sentía como vacío, insatisfecho, inmensamente infeliz, algo difícil de explicar.

»De joven, estudié muy duro para ser médico, luego para preparar la especialidad, y conseguí mi objetivo: ser un especialista reconocido. Visto desde fuera, era un triunfador. Además tengo una familia maravillosa, mis hijos van al mejor colegio, y vivo en una casa mucho más grande de lo que nunca había imaginado. Pero este profundo sentimiento de insatisfacción no me abandonaba. Empecé a odiar todo lo que me había llevado a ser lo que era. Tenía la sensación de haberme dejado llevar por la mediocridad y de haber cerrado la puerta a cualquier esperanza. Mi mente estaba estancada y mi cuerpo era una verdadera ruina. Me doy cuenta ahora de que padecía entonces fuertes síntomas depresivos. Había perdido mi pasión por vivir.

»Una cosa con la que siempre soñé, pero que nunca me había atrevido a decir en voz alta, era estar en una forma física excepcional. No como los levantadores de pesas profesionales que posan para las revistas de musculación, sino fuerte y con definición, para sentirme a gusto conmigo mismo e integrarme entre los demás, para no cortarme cuando iba a montar en bicicleta con amigos o cuando disputaba un torneo amistoso de tenis. Tomé una decisión muy importante en mi vida: decidí tratar de reconstruir mi cuerpo y volver a sentir pasión por la vida. Gracias a un amigo, me puse en contacto con Fernando.

»Al principio fue durísimo. Tenía la impresión de estar sometiendo mi cuerpo a una verdadera tortura. Menos mal que Fernando me animaba. Pero en pocas semanas empecé a notar cómo iba teniendo más energía. Mi mente estaba más alerta y sentía un interés renovado por el mundo y la vida.

»Alcancé mis metas: mi aspecto físico ha cambiado y me gusta lo que veo en el espejo y en la mirada de los demás. También he vuelto a descubrir la pasión por la vida. Ahora, mi cuerpo, mi mente y mi espíritu funcionan como uno solo. Ya no me siento como un viejo prematuro de 47 años que sueña con escapar de la realidad a través de la comida o del alcohol. Me siento bien. Me veo bien. Ya no necesito el apoyo de Fernando. Y pienso que, en todos los sentidos, no hay montaña que yo no pueda escalar.»

- ¿Qué tipo de ejercicios hace José?
  Correr: 45 minutos, 3-4 veces a la semana.
  Entrenamiento con pesas (abdominales, brazos, piernas, espalda): 45 minutos, 3-4 veces a la semana.

El *fitness* no cambia tu vida: cambia tu manera de vivirla

- **Consigues mucho más que una pérdida de grasa:**
  - ✓ **Duermes mejor.**
  - ✓ **Te sientes lleno de energía y vitalidad.**
  - ✓ **Mejora tu estado anímico (luchas contra la depresión).**
- **Los beneficios del ejercicio no se limitan al aspecto físico y fisiológico: a veces las mejorías a nivel psicológico son más importantes que las mejorías a nivel físico.**

Al recalcar los beneficios derivados de la práctica del ejercicio físico, muy a menudo se insiste en que ayuda a prevenir algunas dolencias como las enfermedades cardiovasculares, que incrementa el bienestar general, y sobre todo que mejora la figura. En mi opinión, habría que añadir un argumento de distinta índole, esencial en este principio de siglo que se caracteriza por la ansiosa búsqueda de la realización personal: **el cuerpo determina nuestras energías mentales y espirituales**. Con un cuerpo nuevo, puedes ser una nueva persona y comenzar una nueva vida. En tu fuero interno, llevas años sabiendo y sintiendo que no vives *tu* vida, la vida que te correspondía y cuyo camino perdiste al perder la ilusión y el cuerpo de tus años jóvenes. El ejercicio te depara otra oportunidad. No la desaproveches. **Aprende a apreciar los beneficios que te proporciona la práctica regular del ejercicio físico. Te sientes más fuerte, más vital, menos propenso a los cambios de humor y a la melancolía; el aspecto de tu piel mejora; duermes mejor; disfrutas de la comida sin remordimientos**.

Los expertos en salud no dudan en afirmar que existe una íntima conexión entre el estado de forma física y el estado anímico de un individuo. Las personas que están en forma tienen más autoestima, pues como suelen tener mejor aspecto valoran positivamente su propia imagen. Se ven mejor y se sienten mejor. Asimismo muchos son los que dicen sentirse «más vivos» desde que hacen ejercicio de modo regular. Entre otras cosas, el ejercicio físico relaja la mente y ayuda a desconectar de las preocupaciones cotidianas. Entre tanta hiperactividad y tanta prisa, ¿quién no necesita tomarse un respiro de vez en cuando para volver al ataque con entusiasmo y vitalidad? El ejercicio es un perfecto antídoto contra el estrés y te ayuda a encarar las situaciones difíciles con una fuerza y una energía renovadas.

Aunque no está comprobado todavía, parece incluso que el ejercicio podría ser un excelente antidepresivo natural. Recientes estudios científicos han descubierto que el ejercicio fomenta la secreción de determinadas hormonas, llamadas endorfinas. Los efectos de estas hormonas en el organismo son parecidos a los de la morfina: alivian el dolor y crean una sensación eufórica. Si bien es pronto para afirmar que el ejercicio será el Prozac del siglo XXI, lo cierto es que todas las personas que hacen ejercicio coinciden en afirmar que se sienten mucho mejor después de una sesión de ejercicio. El ejercicio les levanta la moral. Asimismo, algunos médicos han conseguido resultados muy satisfactorios con pacientes que padecían síntomas depresivos obligándoles a seguir un programa de entrenamiento: gracias al ejercicio físico, algunos de estos pacientes han logrado dejar la medicación, reducir o incluso suprimir el alcohol o el tabaco, y su nivel de bienestar general ha experimentado una notable mejoría.

Te sientes más vivo y sientes que las oportunidades que te ofrece la vida son infinitas: el *fitness* no cambia tu vida, cambia tu manera de vivirla.

Mi método para ponerte en forma

- **Las personas que van al gimnasio abandonan en un 60% porque no ven resultados. No ven resultados porque no saben cómo hacer ejercicio: hay que seguir un método.**

Imagina que nunca has cocinado una paella o que en tu vida has fabricado un mueble, y un día decides lanzarte. Se presentan dos opciones: seguir las instrucciones que te dan o guiarte por tu instinto. Lo más probable es que la segunda opción te obligue a gastar mucho tiempo y energía antes de llegar a un resultado aceptable –en el mejor de los casos–, o que, sin más, te lleve directo al fracaso, ¿no crees? En cambio, si sigues la receta o el manual de instrucciones, podrás ofrecer a tus convidados una paella exquisita o presumir delante de tus amigos del armario que has fabricado con tus propias manos.

¿Por qué sería distinto con el ejercicio? Si no te apoyas en ningún método, te costará mucho lograr los resultados que buscas. Por eso quiero ofrecerte aquí un método que te dé directrices de trabajo y te ayude a mantener la motivación. No te propongo ninguna receta mágica, pero estoy convencido de que si sigues mis instrucciones, notarás que haces progresos y te gustará la sensación de crecimiento personal que experimentarás. Si sigues este método, te puedo asegurar que verás resultados. Comprobarás que estás en forma cuando practiques tu deporte favorito, subas escaleras, pasees o juegues con tus hijos. Tu cuerpo tendrá más resistencia a la hora de combatir las dolencias de la edad. Tus niveles de energía subirán, y tus niveles de grasa bajarán.

Todos necesitamos hacer ejercicio. Todos necesitamos mantenernos en forma... o ponernos en forma si no lo estamos. Todos.

- **Es un proceso gradual. Primero tendrás que hacer algunas concesiones. Luego empezarás a sentirte mejor y pensarás que «al fin y al cabo, no está tan mal...», hasta que ya no puedas prescindir de ello.**

Pero cada individuo debe adaptar el ejercicio a sus necesidades, capacidades y estado de forma física. No es lo mismo prescribir un programa de entrenamiento a una señora de 50 años, cuyo mayor objetivo es bajar unos tres o cuatro kilos y sentirse más móvil y más ágil, que a un chaval de 19 años cuya meta es ser futbolista profesional. Yo he prescrito programas de entrenamiento a mujeres que desean definir su cuerpo, a hombres que aspiran a estar más fuertes, y también a gente mayor que sólo quiere mantenerse en forma. Las necesidades de toda esta gente son muy distintas. Un buen programa de entrenamiento debe elaborarse en función de cada uno, teniéndose en cuenta el peso, la edad y el nivel de salud. Sin embargo, los principios son los mismos y son los que voy a proponerte.

Ejercicio aeróbico: para arreglar tu maquinaria *quemagrasa* (sistema cardiovascular).

Pesas: para endurecer, tonificar y moldear tu figura (curvas).

Alimentación: para dar al cuerpo los materiales de construcción que necesita para regenerarse.

En un buen programa de entrenamiento, ha de existir un equilibrio entre la forma cardiorrespiratoria, la fuerza y resistencia muscular, y la alimentación. Si lo que quieres es alcanzar una buena forma física, es fundamental que compagines la práctica regular de ejercicios aeróbicos y ejercicios de pesas con una alimentación sana y equilibrada, ya que, recuerda: poco importa todo el ejercicio que hagas, si no tienes una buena alimentación, no te servirá de nada.

Todos los elementos de mi método tienen su importancia: el ejercicio aeróbico, las pesas, la alimentación. Es un conjunto que pierde su utilidad y eficiencia si llega a faltar un solo componente. Compáralo con un coche: ¿qué es lo más importante en un coche? ¿El motor, las ruedas o la gasolina? Sin uno de estos elementos, el coche no funciona. Si no tienes una alimentación sana, o si no haces ejercicio aeróbico, o si te niegas a levantar pesas, mi método no funciona.

Aeróbico, pesas y alimentación sana son los tres requisitos imprescindibles para estar en forma, para sentirte bien en tu cuerpo y en tu mente.

Mantén la motivación

- **Recuerda que aprender es progresar.**
- **Solicita ayuda si la necesitas.**

En cualquier campo que sea, para dominar una actividad se necesita práctica. Nadie coge una raqueta por primera vez y juega al tenis como Arantxa Sánchez. Pasa lo mismo con un programa de *fitness*. Te olvidarás de las molestias y disfrutarás realmente del ejercicio físico a medida que vayas desarrollando tu fuerza y resistencia, lo cual se consigue mediante trabajo y dedicación. Es normal que durante el proceso te encuentres con momentos más difíciles o en los que dejes de notar una progresión. No te desanimes: aunque no veas resultados, piensa que sigues aprendiendo, y aprender es progresar. Los cambios llegarán. Si corres unos seis kilómetros con regularidad tres o cuatro veces a la semana (en una cinta para correr o en un parque), al cabo de un mes notarás que te cuesta menos subir las escaleras o incluso llevar la bolsa de la compra.

Concéntrate en hacerte más rápido/a, más fuerte y más vital; el buen tipo se te dará por añadidura. Hacer ejercicio ha de ser como ir a trabajar: no siempre te apetece pero lo haces porque es tu obligación y te lo debes a ti mismo. Sin embargo, reconozco que se requiere tiempo y voluntad para llegar a enfocarlo de esta manera. Empezar con un programa de *fitness* le cuesta a casi todo el mundo. No es raro que una persona llegue a incorporar la práctica regular del ejercicio físico a su vida después de cinco o seis intentos fallidos. No pierdas la esperanza. Valora positivamente las veces en las que logras imponerte una disciplina y no te desprecies a ti mismo cuando te saltes una sesión de entrenamiento: vuelve a empezar y sigue.

Si sientes frustración y te cuesta mantener la motivación, no dudes en solicitar apoyo. Quizá necesites que alguien te acompañe para ir al gimnasio, o que te den constantemente ánimos. Al contrario, tal vez odies que siempre te estén recordando que debes hacer ejercicio. Incluso, puedes invertir en un par de sesiones con un entrenador personal: su trabajo es aportarte aquella motivación que tanto te hace falta. Fue así como a Sonia sigue, aunque, como dice ella y a pesar de toda mi buena voluntad, «sin gustarle la sola idea del ejercicio físico», pero consiguió hacer que el *fitness* se convirtiera en un elemento imprescindible de su vida.

Un último consejo: diviértete

Huelga decir que si te diviertes, es más probable que te aficiones al ejercicio físico. Búscate una actividad con la que puedas disfrutar, o a un entrenador que te haga sentirte a gusto. Si ves que en una clase de aeróbic la gente está sonriendo y animada, sin duda es una clase buena.

Si eres una persona tímida o si te irritan las clases abarrotadas de gente, alquila cintas de vídeo con buenos ejercicios y practica en casa. ¿Te aburres? No dudes en experimentar nuevas actividades: baile, yoga, *gym-jazz*... ¿Odias sentirte encerrado en un sitio y te gusta el contacto con la naturaleza? Prueba la escalada, la bicicleta, el piragüismo. Busca las actividades al aire libre.

El éxito no viene de la noche a la mañana. Necesitas un plan, un compromiso personal, para seguir una forma de vida que incluya la práctica regular del ejercicio y una alimentación sana.

JOHN SMITH

EJERCICIOS AERÓBICOS PARA ARREGLAR TU MAQUINARIA INTERIOR

Un viaje de mil kilómetros empieza con el primer paso.

PROVERBIO CHINO

Lo que has de saber

Te ves gordo. Tu grasa te hace la vida imposible. No encuentras ropa que te siente bien. Ya lo has decidido: eso va a cambiar. Te pones a dieta, y la sigues a rajatabla. Entonces se presentan dos esquemas posibles: 1) ¡Fenomenal! ¡Pierdes peso! ¡Qué bien...! Pero la alegría no dura...; vuelves a recuperar esos malditos kilos que tantas privaciones te costaron. 2) Por mucho que te prives, te martirices, sin probar ni un bocado de ese pastel lleno de nata o de aquel guiso tan apetitoso, ni siquiera tienes la «suerte» de adelgazar. Comes menos, reduces tu aporte de calorías, pero sigues gordo. En ambos casos, la razón es la misma: si no consigues deshacerte definitivamente de tu grasa, es culpa de tu metabolismo: tu organismo no quema adecuadamente las moléculas de grasa. Si quieres un cuerpo sano y elegante, tienes que arreglar tu «maquinaria interior», convertir tu organismo en una eficiente máquina *quemagrasa*: está comprobado, las personas que practican regularmente el ejercicio aeróbico no acumulan la grasa. Los ejercicios aeróbicos son parte de la solución.

Si vendiera una píldora para disminuir la tendencia que tiene el cuerpo a almacenar la grasa, no dudo de que la gente se pelearía para comprarla. Esta píldora existe. Te la ofrezco..., sólo que necesitarás 30-45 minutos, 4-5 veces a la semana, para tragártela.

¿Cómo se quema la grasa dentro del cuerpo?

- **El problema no es la grasa. El problema es que tu organismo no quema eficientemente la grasa.**
- **En vez de reducir el aporte de calorías a tu cuerpo, enséñale a procesarlas correctamente.**
- **Arregla primero tu maquinaria interior. Convierte tu cuerpo en una máquina *quemagrasa*.**
- **La grasa es un círculo vicioso: cuánta más tienes, más te cuesta eliminarla.**

El problema no es la grasa en sí sino que tu cuerpo no la quema eficientemente. Por eso quiero explicarte cómo se quema la grasa. Te hablaré de **oxígeno**, **mitocondrias**, **enzimas**, y es fundamental que lo entiendas, porque así te darás cuenta de que si tu cuerpo funciona correctamente, si estás realmente en forma, no tendrás problemas de sobrepeso, o mejor dicho de *sobregrasa*. Entenderás por qué tienes que hacer ejercicio aeróbico para reeducar tu maquinaria interior y olvidarte definitivamente de las dietas.

Supongamos que empiezas a correr. Tus músculos (tu motor) necesitan energía. Empiezan utilizando el combustible que más cerca tienen, o sea, el azúcar almacenado en sus células. Digamos que el azúcar es como la leña que permite prender el fuego en la hoguera. Pero si sigues corriendo, rápidamente se agotan las reservas de azúcar. Entonces es cuando el músculo agarra el teléfono y llama a los depósitos de grasa: «Oye, por favor, necesito combustible, enviadme grasa». **Las enzimas** (los obreros de tu organismo) cogen las palas y se ponen mano a la obra: sacan la grasa de sus depósitos y a través de la sangre la mandan a las células de los músculos, donde va a ser quemada en unos «hornos» perfeccionados para producir energía que son **las mitocondrias**. Pero para transformar la grasa en energía las mitocondrias necesitan la ayuda de un agente muy especial: **el oxígeno**. Sin suficiente oxígeno, puedes quemar pequeñas cantidades de azúcar (produciendo por lo tanto muy poca energía), pero no puedes quemar nada de grasa.

Ahí es cuando intervienen **los pulmones** y **el corazón**. Los pulmones son los que extraen el oxígeno del aire y el corazón es el que se encarga de bombear la sangre, cuyos glóbulos rojos transportan el oxígeno a los hornos de los músculos para que lleve a cabo su misión: producir energía. El oxígeno se mezcla con la grasa y el azúcar y, tras una serie de procesos muy complicados, a los cuales corresponden nombres todavía más complicados (como ciclo de Krebs), la grasa o el azúcar se convierten en energía.

Dependiendo de tu forma física, los procesos que he presentado de modo muy esquemático y simplificado se llevarán a cabo en tu organismo de manera distinta, haciendo que quemes más o menos grasa.

¿Qué ocurre en un cuerpo en mala forma aeróbica?

- **Las enzimas no saben trabajar (los obreros son poco numerosos y están mal preparados).**
- **Los músculos están atrofiados (los hornos para quemar la grasa son demasiado pequeños).**
- **Los vasos sanguíneos impiden que la grasa circule con fluidez (las autopistas están llenas de baches).**
- **Tu capacidad para quemar la grasa es nula o casi nula (tus hornos son demasiado escasos, y los que te quedan tienen muy poca capacidad).**

Supongamos que llevas años sin hacer nada de ejercicio, llevas una vida sedentaria y tienes exceso de grasa. Un buen día, compras este libro y decides ponerte en forma. Sales a la calle con las zapatillas de deporte y empiezas a correr. Tus músculos y tu cuerpo alucinan en colores: «No me lo puedo creer, ¿qué pasa aquí?, ¡está haciendo ejercicio!». Al cabo de un rato, se dan cuenta de que no tienes intención de parar y de que van a necesitar más energía. Llaman desesperados a los depósitos de grasa: «¡Socorro!, por favor, necesitamos combustible urgentemente».

El problema es que las enzimas, o sea, los obreros encargados de sacar los ácidos grasos de los depósitos, no tienen costumbre de trabajar. Les has educado mal. Además, dado que hasta ahora les has proporcionado muy poco trabajo, tu plantilla de enzimas se encuentra más bien reducida. El balance de la situación no es muy alentador: tienes pocas enzimas, y las que tienes están atrofiadas y en muy mala forma. A raíz de tus largos años de inactividad física, las enzimas tampoco se pueden creer que estás haciendo ejercicio, de modo que no se dan mucha prisa en mandar la grasa a tus músculos, e incluso procuran sosegarles: «Tranquilos, seguro que está persiguiendo el autobús, en seguida va a parar». Sacan una cantidad mínima de grasa que mandan a los músculos a través de **los vasos sanguíneos**, que podríamos equiparar con las autopistas del cuerpo. Estas autopistas, por falta de mantenimiento, están llenas de baches. La grasa se atasca en los vasos sanguíneos, mientras que en los músculos, las mitocondrias, impacientes y ansiosas, esperan su llegada para convertirla en energía. Cuando la grasa llega por fin a su destino, surge un nuevo problema: dado que no practicas ninguna actividad física de modo regular, tienes los músculos atrofiados: no sólo te quedan muy pocas mitocondrias, sino que, además, las escasas que no han desaparecido tienen un tamaño muy reducido, por lo cual tu capacidad para quemar la grasa es nula o prácticamente nula.

Tus desgracias no terminan ahí. Por la falta de ejercicio, tus pulmones no están acostumbrados a procesar eficientemente el oxígeno del aire, tu corazón es débil y carece de potencia a la hora de bombear mucha sangre. Por consiguiente llega muy poco oxígeno a las células musculares, lo cual dificulta todavía más la combustión de la grasa, dado que las mitocondrias necesitan oxígeno para quemar eficientemente la grasa.

Si no estás en forma, si llevas tiempo despreciando tu propio cuerpo, no estás capacitado para quemar de modo eficaz la grasa y por eso tiendes a engordar. La grasa es un círculo vicioso: cuanta más tienes, más te cuesta eliminarla. Lo fundamental es que funcione bien tu maquinaria interior, y para ello tienes que hacer ejercicio aeróbico a fin de desarrollar y potenciar todos estos procesos metabólicos que, si se llevan a cabo adecuadamente, hacen que pierdas tu tendencia a acumular grasa en los sitios donde menos te gusta. Eliminarás la grasa y conseguirás un cuerpo definido y tonificado, si primero procuras fortalecer tu corazón, desarrollar tus pulmones, multiplicar tus enzimas y mitocondrias. Por eso la primera parte de mi método consiste en el ejercicio aeróbico. Cuando corras o cuando pedalees en tu bicicleta estática, acuérdate de todo ello y, en vez de obsesionarte por las calorías que quieres perder, piensa que estás arreglando tu maquinaria interior, piensa que en tu cuerpo se están produciendo cambios benéficos, piensa que mañana la misma palabra *caloría* habrá desaparecido de tu vocabulario.

La grasa, como el dinero, es un círculo vicioso: cuanto menos dinero tienes, menos fácil te resulta ganarlo; cuanta más grasa tienes, más difícil te resulta eliminarla.

Una rehabilitación metabólica

Cuando haces ejercicio aeróbico, te pones en forma y tu cuerpo experimenta lo que llamo una rehabilitación metabólica. El ejercicio aeróbico altera la química de tu cuerpo e incrementa su tasa metabólica, por lo cual quemas más calorías incluso en ausencia de movimientos.

- **El cuerpo aprende a procesar el azúcar más eficientemente, por lo cual evita que se convierta en grasa. Hablando claro, si tienes antojo de bollo o de dulce, te lo podrás permitir con más facilidad: en vez de convertir el azúcar en grasa, lo quemarás y no llegará a depositarse bajo forma de grasa en tus caderas o tu estómago.**
- **El corazón y los pulmones entregan más oxígeno a los músculos.**
- **El sistema circulatorio se desarrolla: construye más capilares y aumenta el número de glóbulos rojos, siendo éstos los que transportan el oxígeno hacia los músculos.**
- **Las mitocondrias (los hornos donde se transforma la grasa en energía) aumentan en tamaño y número. Queman más y mejor la grasa.**

- **Las enzimas (los obreros de las células) encargadas de desmantelar las células de grasa también aumentan en número y tamaño, por lo cual su trabajo es más eficiente.**
- **Con más mitocondrias, más enzimas y más oxígeno, los músculos aprenden a quemar mayores cantidades de grasa. Se vuelven auténticos profesionales en la combustión de grasa.**

El ejercicio aeróbico: la base de un buen programa de entrenamiento

- **Los ejercicios aeróbicos estimulan y desarrollan el sistema cardiorrespiratorio.**
- **Fortaleciendo tu sistema respiratorio, aumentas tu capacidad de procesar oxígeno.**
- **Los ejercicios aeróbicos incrementan tu capacidad de procesar oxígeno.**
- **Si procesas más oxígeno, quemas más grasa.**
- **Los ejercicios aeróbicos enseñan al cuerpo a quemar grasa.**

Hemos visto que la función principal del sistema cardiorrespiratorio es la de enviar, a través de la sangre, oxígeno y nutrientes a las diferentes células del cuerpo. En cada célula, las mitocondrias combinan la acción del oxígeno y de determinadas enzimas para quemar la grasa y producir energía. ¿Qué pasa si no tienes mitocondrias? ¿Si no tienes enzimas? ¿Si tu corazón no bombea sangre eficazmente? ¿Si tus pulmones no procesan suficiente oxígeno? No estás en forma, tu organismo funciona mal, no quema la grasa y tiendes a engordar. Así de sencillo.

Cuanto más capacitados estén tus pulmones, corazón y vasos sanguíneos, más oxígeno entregarán a tus células, más energía producirás y más calorías eliminarás. Recuerda: si quemas calorías, no se depositan en tus caderas. Ya te lo he dicho: el problema no es la grasa, el problema es que tu organismo funciona mal. Tienes un motor de «Vespino» que consume muy poco combustible.

Por todo ello nunca me cansaré de repetir estas palabras: **primero ponte en forma y deja de obsesionarte por el peso**. Aprende a juzgar tu cuerpo no en función de lo que pesa en la báscula, sino de cómo te sientes. Los atletas no se pesan. Cuando estés en forma, podrás deshacerte sin complejos de tu báscula. Sin que te des cuenta siquiera, tus músculos irán consumiendo las calorías que ingieres, transformándolas en energía. Ya no tendrás que preocuparte por lo que comes: habrá desaparecido tu tendencia a engordar. Pero ten en cuenta que este proceso no se lleva a cabo en un par de sesiones, así que no te desesperes si no consigues en seguida el cuerpo que quieres. La rehabilitación de tu organismo requiere tiempo y dedicación, sé paciente: **lo que conseguirás a largo plazo es belleza y salud**.

El test del oxígeno

A mí no me importa que estés gordo o no, sino que estés en forma. Y para conocer tu estado real de salud, la pregunta clave es: **¿Cuánto oxígeno consume tu cuerpo?**

Para contestar a esta pregunta, existe el llamado «test del oxígeno», que se utiliza para determinar el estado de forma de los deportistas profesionales. Permite calcular la capacidad aeróbica (o *consumo máximo de oxígeno*) que corresponde a la mayor cantidad de oxígeno que un individuo puede consumir por minuto. Cuanto más oxígeno puede consumir un individuo, más en forma está.

¿En qué consiste exactamente el test del oxígeno? Si corres hasta el agotamiento y durante un minuto te esfuerzas al máximo, entonces se puede determinar la cantidad de oxígeno que has consumido, midiendo la proporción de CO_2 y de oxígeno que has espirado en el aire. **La cifra que se obtiene es el máximo consumo de oxígeno, o capacidad aeróbica**.

El mejor índice de la salud física

- **La capacidad aeróbica tiene una relación directa con el número de calorías que quemas.**
- **Cuando la capacidad del organismo de utilizar oxígeno aumenta, la salud física mejora. Te estás poniendo en forma.**
- **Tu capacidad aeróbica revela tu estado de salud. Tu estado de salud determina tu nivel de grasa.**

El test del oxígeno no sólo mide la eficiencia del corazón y de los pulmones, sino también la capacidad de las células para metabolizar el oxígeno entregado por la sangre. El oxígeno es un gas que entra en tu cuerpo. Si no vuelve a salir, significa que es transformado y utilizado por el organismo. De modo que, a fin de conseguir un buen resultado en la prueba de oxígeno, no sólo es necesario tener un corazón, unos pulmones y unos vasos sanguíneos en forma para absorber y transportar el oxígeno, sino también un tejido muscular sano, que sea capaz de combinar el oxígeno con el azúcar y la grasa para producir energía. Al fin y al cabo, el test del oxígeno es un fiel reflejo de tu estado de salud. Por esta razón, como ya te he anticipado, es una de las pruebas fundamentales a las que se somete un futbolista-estrella, por ejemplo, cuando se trata de ficharle para un equipo internacional. Es el método más fiable para determinar su nivel de forma física.

El test del oxígeno revela tu estado de salud, mostrando en qué proporción el oxígeno que aspiras está realmente utilizado. Una persona que no está en forma jadea y resopla mientras hace ejercicio: devuelve mucho oxígeno al aire. Su sistema cardiorrespiratorio está poco desarrollado y no consigue procesar grandes cantidades de oxígeno. El esfuerzo máximo que puede hacer durante un período de tiempo prolongado está limitado por su escasa capacidad de entregar oxígeno a los tejidos activos. Volviendo al tema de la grasa, esta persona quema pocas calorías ya que no proporciona suficiente oxígeno a las células de su cuerpo. No olvides que existe una relación directa entre el consumo de oxígeno y el número de calorías que quemas. **Es muy difícil ver a una persona que consuma mucho oxígeno y que esté gorda**. Mira a los atletas: ¿Tú crees que se pesan todas las mañanas? El atleta no piensa en las calorías: está en forma, y punto. Su cuerpo lo demuestra: no tiene michelines ni chichas. Se mantiene erguido: aspira mucho oxígeno y lo procesa correctamente.

El test del oxígeno es un test de todo el cuerpo. No sacarás buena nota si llevas una vida sedentaria y poco sana, si te alimentas mal, si fumas y si no practicas ejercicio.

¿Cómo se adapta el cuerpo al ejercicio aeróbico?

- **Después de unas tres semanas, el metabolismo de tu cuerpo empieza a cambiar, no sólo cuando haces ejercicio sino también cuando estás inactivo.**

El cuerpo humano está diseñado para la acción. Los músculos, los ligamentos, los tendones permiten a los brazos y las piernas una gran variedad de movimientos, mientras el cerebro coordina la entrega de sangre, oxígeno y combustible a los músculos y los órganos por el corazón y los pulmones. Todos los sistemas del cuerpo se comunican entre sí, mediante conexiones nerviosas o químicas, y cuanta más actividad física tengas, mejor será la comunicación, más en forma estará tu organismo. El problema es que hoy en día llevamos una vida sedentaria y la falta de actividad física provoca disfunciones en el organismo, lo cual desemboca en un estado general de salud deficiente. El ejercicio físico, y en particular el ejercicio aeróbico del que tratamos ahora, tiene efectos muy positivos en tu organismo.

Durante un ejercicio aeróbico que dura entre 30 y 45 minutos, respiras tres veces más rápido que cuando estás en reposo y la cantidad de aire que entra en tus pulmones es 20 veces superior. El volumen de sangre que bombea tu corazón se multiplica por 4 o 6, y el oxígeno consumido por los músculos que trabajan es más de 10 veces superior al nivel de oxígeno consumido cuando están en reposo. Estas variaciones generadas por el ejercicio desaparecen cuando se termina la sesión de ejercicio. Después del esfuerzo, todo vuelve a la «normalidad». Sin embargo, practicando ejercicios aeróbicos de forma regular, puedes modificar esta «normalidad», esto es, mejorar el funcionamiento de tu organismo.

Si repites tus sesiones de ejercicios aeróbicos de modo constante y continuo, casi a diario, se producen cambios persistentes en tu organismo, que hacen que tu cuerpo se adapte cada vez mejor al ejercicio. Tu ritmo cardíaco disminuye entre 10 y 30 pulsaciones por minuto, los latidos de tu corazón están más distanciados, porque tu corazón bombea la sangre de modo más eficiente. Tus pulmones ventilan más aire cuando haces un esfuerzo físico intenso. Tu capacidad aeróbica aumenta de forma notable. El resultado es el siguiente: se entrega más oxígeno a los músculos, por lo cual éstos queman más combustible y producen más energía para seguir con el ejercicio. Lo que importa, y eso es lo que debes saber, es que estas modificaciones que produce el ejercicio físico en tu cuerpo no son pasajeras. Incluso cuando está en reposo, tu cuerpo funciona de un modo diferente: tu ritmo cardíaco es más lento, tus pulmones procesan mejor el oxígeno, tus músculos empiezan a ser más eficientes a la hora de quemar la grasa y los hidratos de carbono.

Diseña tu propio programa de ejercicio aeróbico

- **¿Qué tipo de actividades me convienen?**
- **¿Cuánto tengo que esforzarme? (intensidad)**
- **¿Durante cuánto tiempo? (duración)**
- **¿Cuántas veces a la semana? (frecuencia)**

✓ **Las respuestas dependen de tus necesidades y posibilidades.**

Ahora que te he explicado los beneficios que tu cuerpo saca de la práctica regular de ejercicios aeróbicos, quiero proponerte un programa de entrenamiento que puedas adaptar a tus necesidades y posibilidades. Está comprobado que no existe un programa de entrenamiento ideal para todos: cada uno es un mundo, y el ejercicio, para ser eficaz y no resultar aburrido o desalentador, debe ajustarse a lo que puedes hacer y lo que quieres conseguir.

Las directrices que vienen ahora se aplican tanto a hombres como a mujeres, independientemente de la edad o de la condición física. Poner en forma tu sistema cardiorrespiratorio (tu corazón, tus pulmones, tu sistema circulatorio) requiere tener en cuenta los cuatro factores siguientes: **tipo de actividad**, **intensidad**, **duración**, **frecuencia**, que varían en función de tu estado de salud actual y de tus posibilidades físicas. Si aplicas seriamente es-

INTENSIDAD

70 % de diferencia entre tu pulso máximo y tu pulso en reposo multiplicado por dos.

DURACIÓN

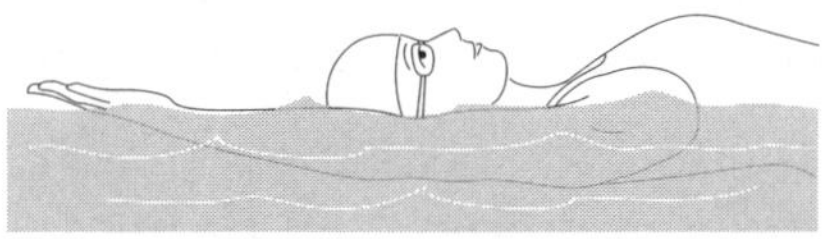

Durante 30-45 minutos mínimo.

FRECUENCIA

L	M	M	J	V	S	D
	1	2	3	4	5	6
7	8	9	10	11	12	13
14	15	16	17	18	19	20
21	22	23	24	25	26	27
28	29	30				

De 4 a 6 veces por semana.

tos principios básicos, podrás planificar un programa que corresponda realmente a tus necesidades y que te permita ponerte en forma.

¿A qué tipo de actividades puedo dedicarme?

Mucha gente asocia el término inglés *aerobic* (en español, «aeróbico») con la típica clase que se da en un gimnasio dirigida por un profesor o una profesora a ritmo de música rápida. Ahora bien, la palabra «aeróbico» tiene un significado más amplio. Alude al aire, más exactamente al oxígeno del aire, y cuando hablo de ejercicios aeróbicos, en realidad me refiero a todos aquellos ejercicios que estimulan las funciones del sistema cardiorrespiratorio (el corazón, los pulmones, la sangre) durante un tiempo y a una intensidad determinada. Correr, nadar o ir en bicicleta son ejemplos de ejercicios aeróbicos.

Para que una actividad se considere aeróbica, ha de ser rítmica y practicada de forma continuada con un esfuerzo sostenido. Las actividades de poca intensidad y que duran poco producen pocos resultados... o ninguno. Actividades como el golf, el tiro al arco o los bolos, por poner algunos ejemplos, son agradables pasatiempos pero no proporcionan los estímulos fisiológicos necesarios para desarrollar o mantener un buen funcionamiento del sistema cardiorrespiratorio. No requieren ninguno o muy poco esfuerzo físico. Fíjate en las personas que pasean por el campo de golf: ¿qué ves más? ¿Cuerpos sanos y definidos o tripas y michelines? Y ¿cómo definirías la figura de tus amigos que juegan al fútbol los domingos por la mañana? La mayoría tiene barriguita, ¿verdad? Si los practicas de vez en cuando, tampoco son de gran utilidad para reducir tu porcentaje general de grasa en el cuerpo aquellos deportes en los que corres, paras, vuelves a correr, saltas, aunque suponen un gran desgaste de energía. Las actividades deportivas como el fútbol, el baloncesto o el tenis, que te exigen carreras aceleradas y cortas y movimientos rápidos, no mejoran, o muy poco, tu sistema cardiorrespiratorio y no te ayudan a bajar los niveles de grasa, a no ser que seas un atleta profesional que entrena todos los días de la semana. Además, si llevas años sin hacer ejercicio, y aún más si estás entrado en años, no te aconsejo que empieces con este tipo de deportes: los riesgos de lesión son altos si no estás preparado físicamente. Primero ponte en forma, y luego podrás divertirte practicándolos. No digo que no te pongas en forma jugando al baloncesto o al *paddle*, pero está claro que estos deportes no cambian tu metabolismo como lo hacen el correr o montar en bicicleta de forma continuada.

No sabemos exactamente por qué, pero es así: para que tu organismo se convierta en una máquina *quemagrasa* eficiente (para ponerte en forma aeróbicamente), tienes que empujar tu cuerpo a que trabaje de forma rítmica y continuada. Es un criterio fundamental para que un ejercicio se considere aeróbico.

- **Hay que hacer ejercicio para hacer deporte, no hacer deporte para hacer ejercicio.**
- **Las actividades rítmicas y practicadas de forma continuada, con un esfuerzo sostenido, como correr, ir en bicicleta, nadar, remar, la marcha rápida, el esquí de fondo..., son actividades perfectamente adecuadas para convertir tu cuerpo en una máquina *quemagrasa*.**

Estas actividades ponen todo tu cuerpo en movimiento a la vez que imponen un ritmo sostenido a tu corazón. Todos tus músculos trabajan y por lo tanto necesitan oxígeno; tu sistema cardiorrespiratorio está estimulado durante suficiente tiempo para mejorar a la larga su rendimiento. Por eso 30-45 minutos corriendo a un ritmo continuo te proporcionarán más beneficios fisiológicos que dos horas jugando al tenis..., aunque también depende de cómo se juega al tenis.

El otro día vino a verme un señor de unos cuarenta años quejándose de que no podía perder peso aunque jugara al tenis casi todos los días. No entendía cómo es que no conseguía adelgazar. Lo siento, no quiero ser grosero ni malintencionado, pero muchas veces cuando se juntan unos señores para echar un partidito de tenis o de *paddle*, no parece que estén haciendo ejercicio. Charlan, se ríen y, ¡a veces!, echan unas carreritas para pegar en la pelota. No digo que no sea sano. Ni mucho menos. Es muy positivo: permite salir de casa, entretenerse, ver a gente, tomar el aire... ¡Pero yo hablo de perder grasa, de bajar tripa, de cambiar el metabolismo! Jugar al tenis o al golf tiene muchos beneficios psicológicos: te diviertes, te distraes, desconectas. **Pero no pierdes grasa**. Yo también juego al tenis, y me encanta. Es un deporte divertido, y lo bueno es que lo pasas muy bien mientras haces ejercicio. Lo útil se convierte en algo agradable. Pero para disfrutar realmente de un partido de tenis, primero hay que estar en forma. Y para ponerse en forma, hay que hacer ejercicio. O sea: **Ponte en forma para disfrutar de la práctica de un deporte, y no practiques un deporte para ponerte en forma**.

Claro que puedes ponerte en forma jugando al tenis... ¡si juegas muy duro, a un nivel muy alto, dos o tres horas al día, seis o siete veces a la semana! Como los profesionales. Pero, fíjate, ¡incluso los tenistas profesionales hacen *footing* para ponerse en forma...! El mismo Àlex Corretja explicó en una entrevista que su entrenamiento no sólo consiste en perfeccionar la técnica tenística, sino en aumentar la velocidad, incrementar los reflejos y mejorar su forma cardiovascular, por lo cual todas las mañanas hace *footing* y corre *sprints*. De modo que, aunque jugaras tan bien como él, seguiría aconsejándote que hicieras ejercicio aeróbico. Pero, ¡confiésalo!, a menudo el mayor ejercicio que tú haces cuando juegas es agacharte a recoger la pelota. Y con eso no pierdes ni un gramo de grasa. Así que te recomiendo lo mismo que a mis clientes: sigue un programa de entrenamiento para ponerte en forma, y si quieres jugar al tenis, al fútbol o al baloncesto, juega... por pura diversión.

La condición *sine qua non* para que un ejercicio se considere aeróbico es que sea rítmico y continuado. Luego, cualquier tipo de actividad rítmica y continuada vale para ponerte en forma. Tienes para elegir y no hay excusas que valgan. Hoy en día, aunque vivas en una gran ciudad, lejos del mar, del campo o de la montaña, es muy fácil practicar ejercicio aeróbico: las bicicletas estáticas se pueden comprar en el mercado y las cintas para correr o máquinas para remar llenan los gimnasios. Son máquinas perfectamente adaptadas al ejercicio aeróbico. Elige la actividad que mejor te convenga, siempre que suponga una intensidad de esfuerzo lo suficientemente elevada para provocar cambios metabólicos en tu organismo.

Intensidad: ¿Cuánto debo esforzarme cuando hago ejercicio?

- **No pondrás tus músculos y tu sistema cardiorrespiratorio en forma sin un esfuerzo enérgico, pero tu programa de entrenamiento no debe convertirse en castigo.**
- **Las personas en mala forma física queman mal la grasa a intensidades elevadas. Por eso es recomendable empezar a intensidades más moderadas y por más tiempo.**
- **Si llevas tiempo sin hacer ejercicio, comienza con un nivel bajo. Mientras vayas progresando, adaptarte a niveles de ejercicios más elevados no te supondrá un esfuerzo excesivo.**
- **60-80%: una intensidad de esfuerzo razonable.**

Ponerse en forma requiere esfuerzos, no te voy a engañar. Sudar es necesario, y no me refiero a esos pantalones de plástico que te hacen perder agua, sino al sudor del esfuerzo: si no sudas es que no te esfuerzas lo suficiente. Eso les pasa a las personas (quizá tú seas una de ellas) que piensan hacer ejercicio mientras pedalean tranquilamente en su bicicleta fija, canturreando o viendo la tele, o cuando dan un paseo de media horita a ritmo de tortuga. Eso no es ejercicio. No es suficiente para estimular cambios en tu organismo que te lleven a perder grasa, sobre todo si llevas mucho tiempo sin practicar ninguna actividad física. Al fin y al cabo, es normal, los milagros no existen: es imposible desarrollar tus músculos, tu corazón, tus pulmones, tu sistema circulatorio sin imponerles un esfuerzo extra. Tienen que trabajar más de lo habitual para fortalecerse.

Pero tampoco hay que caer en otro error, que es empezar demasiado fuerte, a intensidades demasiado altas. Muchas personas están confundidas a la hora de hacer ejercicio: se creen que para obtener resultados, es necesario que se les ponga la cara morada del esfuerzo, que les quemen los pulmones, que estén a punto de rendir el alma... Como dicen los americanos: *no pain, no gain*, «hay que sufrir para avanzar». Algunos, que llevan años y años sin hacer nada de ejercicio, tienden a olvidar que sus capacidades físicas ya no son lo que eran y, con todo el entusiasmo del mundo, se suben a la bicicleta o se echan a correr para recordar viejos tiempos..., y a los diez minutos tienen que pararse, agotados, sin aliento, rojos del esfuerzo, luchando por cada soplo de oxígeno sin conseguirlo. Piensan, desanimados y nostálgicos: «Me acuerdo de cuando podía seguir con este ritmo durante horas...». Y sufren, sufren demasiado... en vano. En efecto, las personas que no están en forma queman mal la grasa a intensidades elevadas, dado que su organismo ha perdido la costumbre –si es que la ha tenido alguna vez– de mandar cantidades importantes de grasa a los músculos. Por pecar de impacientes y lanzarse al ruedo del ejercicio aeróbico con demasiada prisa, no sólo llegan a asociar el sufrimiento con el ejercicio sino que tampoco ven resultados, por lo cual acaban abandonando. No es nada extraño. A nadie le gusta sufrir, y aún menos cuando resulta improductivo.

No se debe confundir esfuerzo con castigo y agotamiento. Si llegas a maldecir a tu pobre madre, a todos tus antepasados y a un servidor, porque te han convencido para que te pongas en forma, es que le exiges demasiado a tu cuerpo. Éste no es el método. Al hacer ejercicio, hazte las siguientes preguntas:

- ¿Es mi ritmo lo suficientemente moderado para aguantar durante 30-45 minutos?
- ¿Voy demasiado rápido o demasiado despacio para modificar la química de mi cuerpo?
- ¿Qué es lo que estoy haciendo? ¿Ejercicio aeróbico o anaeróbico?

Tu propio cuerpo te proporciona las respuestas: si te quedas sin aliento, si tienes que parar, es que la intensidad es demasiado elevada y no conseguirás ningún resultado positivo para tu organismo. **Tienes que empezar poco a poco, a intensidades moderadas, y subir muy despacio, para acostumbrarle al esfuerzo**. Tu cuerpo necesita un período de adaptación. Si trabajas a intensidades demasiado elevadas, tu organismo requiere más oxígeno del que tu corazón, pulmones y sangre pueden entregar. No sólo te falta el aire y sufres, sino que el esfuerzo no da resultados: dado que la grasa necesita oxígeno para quemarse, tu organismo falto de oxígeno utiliza el otro combustible que tiene a su alcance, esto es, el azúcar. En vez de hacer **ejercicio aeróbico (con oxígeno)**, estás haciendo **ejercicio anaeróbico (sin oxígeno)** y no quemas la grasa. Dicho de otro modo, sufres, pero no sirve para nada.

Si una persona está en forma, es cierto que su organismo quema eficientemente la grasa cuando entrena a intensidades elevadas. Pero las personas que no lo están necesitan poner a punto su máquina *quemagrasa* mediante ejercicios de baja intensidad antes de cambiar a una velocidad superior. **El cuerpo necesita adaptarse progresivamente al ejercicio**. Te voy a poner un ejemplo. Imagina que vas al dentista para que te ponga un aparato para enderezar tus dientes. Si tu dentista es un irresponsable y te aprieta demasiado el aparato, primero te va a doler una barbaridad, luego hasta puede que se te partan los dientes. ¿A que te duele de sólo pensarlo? Un dentista sensato irá subiendo gradualmente la intensidad del aparato y con el tiempo tus dientes se pondrán derechos (tu cuerpo se pondrá en forma). Tú nunca le dirás al dentista: «Quiero que me pongas los dientes derechos en dos semanas porque tengo una boda», porque ya sabes que es imposible. Entonces, ¡¿por qué me dices a mí: «Mira, Fernando, tengo una boda el próximo fin de semana, quiero quitarme las cartucheras»?! Yo soy como tu dentista: sensato, y me niego a que te mueras del esfuerzo en el gimnasio sin conseguir ningún resultado.

Tu cuerpo necesita un período de adaptación. La paciencia es primordial. A la hora de quitarse la grasa del cuerpo, a muchos les entran las prisas. Quieren resultados ¡ya!, en seguida. Se imaginan que en dos semanas de entrenamiento muy intenso van a conseguirlo. Total: acaban agotados, sufriendo demasiado, y tiran la toalla. El cuerpo es muy sabio y responde de maravilla cuando le sometes a intensidades moderadas, cuando te armas de paciencia y sabes esperar a que se ajuste al esfuerzo, y luego sigues subiendo gradualmente la intensidad del ejercicio. Cuanto más lo utilizas, mejor funciona. A diferencia de los coches u otras máquinas inventadas por el hombre, el cuerpo no se gasta con el uso, sino que mejora. Se va adaptando al esfuerzo: responde más rápidamente a las llamadas de tus músculos, produce más enzimas que queman la grasa, más glóbulos rojos para transportar más oxígeno. O sea: tu organismo, adaptándose al esfuerzo, se convierte en una máquina *quemagrasa* tremendamente eficaz.

Si lo que quieres es obtener resultados, tienes que hacer ejercicio en lo que se denomina «tu zona de entrenamiento», o si prefieres, tu «zona *quemagrasa*», evolucionando ésta a medida que te vayas poniendo en forma.

Determina tu «zona *quemagrasa*»

Para poner a punto tu maquinaria interior, es necesario que todas las actividades de tu programa de entrenamiento conlleven un esfuerzo que sea enérgico, es cierto, pero no demasiado. Durante el ejercicio, el ritmo cardíaco aumenta proporcionalmente a la demanda de energía, como indica el consumo de oxígeno del que ya hablamos. Por ello el ritmo cardíaco se suele utilizar como referencia durante el ejercicio para evaluar el nivel de estrés fisiológico del cuerpo, o sea, la intensidad del esfuerzo.

Para determinar tu zona de entrenamiento, tu zona *quemagrasa*, calcula primero tus pulsaciones máximas:

220 – tu edad = máximas pulsaciones por minuto
(las máximas pulsaciones van disminuyendo con la edad)

Vamos a suponer que tienes 40 años: 220 – 40 = 180.

180 son tus pulsaciones máximas.

60 – 80% es la intensidad de esfuerzo recomendada para quemar grasa.

180 × 60% = 108

180 × 80% = 144

Tu zona de entrenamiento está comprendida entre 108 y 144 pulsaciones por minuto.

Cuanto más en forma estés, a más intensidad tienes que subir para estar en tu zona de entrenamiento (60-80). Sólo con andar, a una persona en muy mala forma física ya se le disparan las pulsaciones. Ya vale, es suficiente: es su intensidad. Sin embargo, para una persona en forma, andar no supone ningún esfuerzo: las pulsaciones ni se le suben a 70. Por eso cuando me preguntan si para ponerse en forma es suficiente andar, no digo ni que sí ni que no. Yo contesto: «Depende de la forma en que estés».

Consideremos a tres hombres de 40 años de edad. El primero está en muy mala forma, lo cual significa que tiene mucha grasa. Sólo con andar a un paso acelerado, sus pulsaciones subirán ya a 144. El segundo, que está en mejor forma, tendrá que trotar para que sus pulsaciones lleguen a esta cifra. En cuanto al tercero, delgado y atlético, deberá correr a una velocidad bastante sostenida para alcanzar las mismas pulsaciones. Aunque, visto desde fuera, se pueda pensar que el primero se esfuerza menos que el tercero, en realidad se esfuerzan igual y están consiguiendo los mismos beneficios a nivel de corazón, pulmones y músculos.

Si tu intensidad de esfuerzo es de un 70 %, no tienes que preocuparte por la velocidad a la que corres, nadas o pedaleas. Tu principal preocupación debe ser la respuesta de tu corazón. Ha de trabajar a una intensidad lo suficientemente elevada durante el tiempo necesario para que se produzcan cambios en el organismo.

He tenido clientes que, con ponerles a nivel 1 en la bicicleta estática del gimnasio, alcanzaban la intensidad mágica del 60-80 (su zona *quemagrasa*). A otros, tengo que ponerles a nivel 2 para alcanzar esta misma intensidad. Pero incluso los hay que están en tan mala forma, que han despreciado su cuerpo durante tanto tiempo, que se les disparan ya las pulsaciones cuando están a nivel 1: el esfuerzo resulta demasiado intenso para ellos. ¿Y qué? No pasa nada. Primero, a andar, hasta que empiecen a ponerse en forma y luego ya se subirán a la bici. Irán aumentando la intensidad de sus ejercicios, a medida que se vayan poniendo en forma.

Para comprobar si la intensidad del ejercicio es la adecuada, existe un método infalible: **el «test del habla»**. Es el que suelo utilizar con mis clientes. Durante su sesión de ejercicio, les hago preguntas. Si una persona es capaz de contarme toda su vida, sus planes para el fin de semana y lo que hizo antes de venir al gimnasio, significa que la intensidad del ejercicio no es suficiente. Si está colorada y no puede alinear tres palabras seguidas sin resoplar, es que la intensidad del ejercicio es demasiado elevada. Lo correcto es que le cueste contestar mis preguntas con fluidez. Sus palabras están entrecortadas pero no se queda sin aliento: está en su zona de entrenamiento, su zona *quemagrasa*.

Gracias al «test del habla», tú también puedes determinar el nivel de intensidad que te conviene en un momento dado, y conocer la adaptación de tu organismo al ejercicio aeróbico. A medida que vayas poniendo a punto tu maquinaria interior, podrás subir la intensidad del ejercicio.

No hay que olvidar que cada uno es un mundo y debe trabajar a su ritmo. Por eso no te recomiendo que entrenes con una persona que esté en mejor forma que tú. Es muy probable que si ésta trabaja aeróbicamente, tú trabajes anaeróbicamente. O sea, ella estará quemando grasa, mientras tu sufrirás... sin quemar grasa. Si, para empezar, tu nivel es andar: anda. Y poco a poco échate a correr, cada vez más, hasta que puedas correr media hora. **Una vez que hayas desarrollado tu base aeróbica, es decir, que puedas correr 30-45 minutos, podrás aumen-**

tar la velocidad. Tu cuerpo habrá aprendido a quemar grasa a intensidades más altas, por lo cual el ejercicio que antes era anaeróbico (sin oxígeno) para ti se habrá convertido en aeróbico (con oxígeno).

Al principio de un programa de entrenamiento, lo que importa es conseguir una buena base aeróbica. Mientras tanto, haz ejercicio con intensidades moderadas.

Resulta mucho más productivo trabajar con una intensidad moderada, pero durante más tiempo (30-45 minutos) y varias veces a la semana (más veces por semana, mejor).

Duración: ¿Cuánto tiempo debe durar mi sesión de entrenamiento aeróbico?

- **Las personas que no están en forma queman peor la grasa que las que están en forma, y este problema se acentúa durante el ejercicio.**
- **30-45 minutos: una duración razonable.**

La mayoría de la gente considera que el único objetivo del ejercicio aeróbico es quemar grasa, eliminar calorías. Después de llevar un tiempo corriendo o haciendo bicicleta, mis clientes me suelen preguntar: «¿Cuántas calorías crees que he quemado? ¿Qué quema más calorías? ¿Correr o montar en bici?». Por supuesto que haciendo ejercicio aeróbico queman calorías, pero me harto de repetirles que el principal objetivo del ejercicio aeróbico no es quemar grasa en sí, sino estimular el cuerpo a producir más enzimas, más mitocondrias, más glóbulos rojos, en fin, hacer eficiente toda la maquinaria que necesita el organismo para quemar grasa. Entonces, y sólo entonces, no sólo quemarás más grasa y calorías mientras estás haciendo ejercicio, sino también a lo largo del día, mientras ves la televisión tumbado en el sofá o disfrutas de una sesión de cine en buena compañía.

Cuando estás en forma, quemas más grasa. Si algunas personas son obesas, es porque su infraestructura interior (metabolismo, química interior, llámalo como quieras) no funciona bien: queman poca grasa, tienen muy pocas enzimas y mitocondrias, y lo poco que comen hace que engorden. El objetivo del ejercicio aeróbico es desarrollar tu motor y mejorar su rendimiento. La única manera de conseguirlo es que **tus sesiones de ejercicios duren entre 30 y 45 minutos –preferiblemente 45 minutos–**. Si duran menos de 30 minutos (sobre todo en los seis primeros meses de entrenamiento), no se producen los cambios internos que deseas. Tu cuerpo no se convierte en una eficiente máquina *quemagrasa*.

Cuanto más dure tu sesión, mejor

Hay personas que abandonan su programa de entrenamiento porque no ven resultados. Suele ocurrir a menudo. Una razón puede ser que trabajan a intensidades equivocadas, ya lo hemos visto. Otra razón puede ser que no le dedican suficiente tiempo al ejercicio aeróbico. **En el ejercicio aeróbico, la duración del esfuerzo es un elemento clave**. Cuanto más tiempo dure tu sesión de entrenamiento, más grasa quemarás. Al principio de la sesión, tu cuerpo quema mejor los hidratos de carbono (azúcar) que la grasa. El azúcar es fácil de quemar y proporciona rápidamente al organismo el combustible que necesita. En cambio, se requiere tiempo para quemar la grasa, lo cual explica también que la grasa sea una excelente fuente de energía duradera. Mientras mantienes el esfuerzo, tu cuerpo va utilizando la energía que le proporciona la grasa con más eficiencia, sobre todo cuando llevas unos treinta minutos haciendo ejercicio. Para la mayoría de las personas, es cuando se empieza a quemar la grasa de modo significativo.

Lo que pasa es lo siguiente: los ácidos grasos son liberados de los depósitos de una manera continua, ya estés durmiendo, andando o leyéndote una buena novela. Pero se necesitan por lo menos 30 minutos de ejercicio continuado para que los músculos agarren el teléfono y llamen a los depósitos de grasa (la tripa, las caderas) diciéndoles: «Oye, mandadme más grasa si queréis que siga funcionando adecuadamente». Le piden más grasa. Entonces, la primera reacción de los depósitos es la siguiente: «Anda ya, no me lo creo. Seguro que está de compras, en seguida va a parar. O quizá le esté persiguiendo un perro, por eso corre, pero eso no va a durar». Tus depósitos de grasa están tan poco acostumbrados a ser solicitados, que quieren estar seguros de que tus músculos necesitan realmente un abastecimiento continuo de mayores cantidades de grasa para funcionar antes de mandárselas. Y tus músculos realmente necesitan más grasa si estás haciendo un esfuerzo continuado. Cuando llevas 30 minutos haciendo ejercicio, es como si tu organismo pensara: «Mira, esto parece que va en serio», y entonces es cuando empieza a liberar cantidades significativas de grasa.

Sólo durante períodos continuados de ejercicio, que duran entre 30 y 45 minutos, el organismo empieza a liberar cantidades significativas de ácidos grasos que se queman en los músculos para producir energía.

Treinta minutos es la duración mínima. Después de media hora de ejercicio, cuanto más tiempo mantengas el esfuerzo con la intensidad ideal, mejores resultados obtendrás. Si empiezas una sesión con una intensidad demasiado alta, no resistirás el esfuerzo durante mucho tiempo, y si no aguantas lo suficiente, tendrás que parar el ejercicio antes de llegar a la duración mágica de 30 minutos.

Si eres principiante, te aconsejo que empieces suave. Tus sesiones de ejercicio podrán durar más y quemarás la grasa de modo más eficiente. Si consigues dedicar más tiempo a tus sesiones de ejercicio aeróbico, obtendrás resultados mejores y más rápidos.

Cuanto más en forma estés, más rápido empiezas a quemar la grasa

Comparemos ahora la cantidad de grasa que liberan tres personas diferentes:

- *Un atleta olímpico:* esta persona ha hecho tanto ejercicio y su maquinaria *quemagrasa* (forma aeróbica) es tan eficiente que los almacenes (tejidos adiposos) empiezan a liberar grasa casi antes de que empiece a hacer ejercicio. Está tan entrenado que es como si su cuerpo sintiera que va a necesitar energía incluso antes de que la necesite realmente.
- *Una persona medianamente en forma:* puede que no empiece a liberar grasa hasta que no haya entrenado unos 15 minutos.
- *Una persona obesa y/o sedentaria:* en esta categoría entra la mayoría de mis lectores. El organismo de una persona sedentaria no libera grasa antes de los 30 minutos de ejercicio, e incluso, si está en muy mala forma, puede que no queme nada de grasa. Es el caso opuesto al del atleta. Es como si su cuerpo, desilusionado de antemano, pensara: «¿Para qué liberar ácidos grasos si sus músculos atrofiados ni siquiera pueden quemarlos?». Los músculos de una persona sedentaria no están nada entrenados para quemar grandes cantidades de grasa. Eso es lo más triste: **las personas que no están en forma queman la grasa peor que las que están en forma, y este problema se acentúa durante el ejercicio**. Ya lo he dicho: la grasa es un círculo vicioso, y cuanta más tienes,

más te cuesta eliminarla. Por eso quiero insistir e insisto: no hacemos ejercicio para quemar grasa; hacemos ejercicio para desarrollar nuestra maquinaria *quemagrasa*.

La duración de la sesión de ejercicio está directamente relacionada con la intensidad de la actividad. Cuanto más elevada sea la intensidad, más te costará mantener el esfuerzo. Por eso empieza con una intensidad moderada y al principio confórmate quizá con sesiones de 20 minutos. Incluso otórgate algunas semipausas de 30-60 segundos en las que reduces el ritmo. Estos intervalos te permiten resistir más tiempo y alargar tus sesiones de ejercicio, y hacen que durante la sesión completa de ejercicios, tu corazón no deje de bombear sangre a un ritmo muy superior que cuando está en reposo.

Aumenta progresivamente la duración de tus sesiones de ejercicio, a razón de 5 minutos a la semana, hasta que puedas hacer ejercicio durante 45 minutos o 1 hora al día. Se ha demostrado que una sesión de ejercicio de 20 minutos ya permite mejorías notables en el sistema cardiorrespiratorio, pero si lo que quieres realmente es eliminar grasa, te aconsejo sesiones más largas.

Después de seis meses o un año (depende de tu forma física inicial), una vez que hayas alcanzado una buena base aeróbica y hayas desarrollado toda tu infraestructura interior para quemar grasa, podrás reducir la duración de tus sesiones y mantenerte. Es fácil entender por qué: imagina que tu cuerpo es una ciudad. Al principio, está en obras, hay que construir y desarrollar la red de transportes, para que los intercambios se hagan mejor. Cuando todo está construido, luego es mucho más fácil mantenerlo. Mientras no hayas desarrollado tu infraestructura para quemar la grasa, tendrás que seguir trabajando. Luego, cuando funcione adecuadamente, sólo deberás mantenerla.

No abandones si ves que no consigues los resultados que persigues. Significa que necesitas más tiempo para desarrollar las infraestructuras de tu cuerpo-ciudad. Quizá trabajes con una intensidad insuficiente; quizá tus sesiones duren demasiado poco. Persevera. Mantén el esfuerzo. Es la única manera de provocar los cambios metabólicos necesarios para transformar tu cuerpo en una verdadera máquina *quemagrasa*.

Frecuencia: ¿Cuántas veces a la semana debo entrenarme?

- **Cuanto más frecuentes sean tus sesiones de entrenamiento, más progresos notarás. Si haces ejercicio 4-5 veces a la semana, verás resultados más rápidos que si entrenas sólo una vez a la semana.**
- **Un mínimo de 4-5 veces a la semana.**

Si deseas acabar de una vez con tu tendencia a engordar, es imprescindible que perseveres y sigas con constancia y regularidad tu programa de entrenamiento, sobre todo al principio. El ejercicio debe llegar a formar parte de tu vida. Si lo que quieres es notar cambios en tu cuerpo, **es imprescindible que hagas ejercicio aeróbico un mínimo de 4-5 veces por semana**. Entonces, al cabo de tres semanas, ya tienes que conseguir resultados visibles. Si no es el caso, significa que estás en muy mala forma, como ya te he explicado, y te recomiendo que entrenes cinco o seis veces por semana. ¡No te asustes! Sólo se trata del principio. Luego, cuando hayas obtenido los cambios deseados, podrás reducir la frecuencia. Pero primero tienes que poner a punto tu maquinaria y esto no se consigue entrenando una o dos veces a la semana. Requiere tiempo y dedicación. Es fácil entender por qué: cuando haces ejercicio, es como si le estuvieras mandando un mensaje a tu cuerpo: «Cambia, hazte más eficaz, más fuerte», y con sólo una o dos veces a la semana, es como si no oyera el mensaje. Volviendo a la imagen del dentista, imagínate que te pone aquel aparato para enderezar tu dentadura. Te lo deja una semana, y te lo quita; vuelve a ponértelo una semana más tarde, y te lo quita de nuevo: tus dientes no se enderezan. El dentista no les da tiempo para que se adapten a la nueva postura que les impone el aparato. Con tu organismo pasa lo mismo: para adaptarse al ejercicio, necesita una presión constante. **Es la única manera de conseguir cambios metabólicos duraderos**.

Una clienta mía es una experta en irregularidad e inconstancia. Por más que me empeñe en explicarle que su conducta no es la apropiada, no abandona su desagradable costumbre: puede acudir al gimnasio durante un mes, cuatro veces a la semana, y luego desaparecer durante quince días, y volver un mes, e irse otra vez... Parece delgada, lo cual explica sin duda su falta de asiduidad, ya que no se preocupa por su aspecto. Sin embargo, no está en forma, y lo sabe. Ahora bien, con su modo de actuar, es muy poco probable que consiga cambiar su metabolismo. Sus repetidas y largas ausencias impiden que su organismo se acostumbre al esfuerzo y aprenda a funcionar mejor. Cuando regresa al gimnasio después de dos o tres semanas sin aparecer, es como si nunca hubiera venido: su cuerpo debe comenzar de nuevo desde cero a adaptarse al ejercicio.

No te puedes imaginar cuánto me fastidia cuando empiezo a entrenar un cliente y éste, después de que yo ya le haya explicado con pelos y señales que NO SE PUEDE QUITAR LA GRASA EN PARTES CONCRETAS DEL CUERPO, insiste y me dice: «Quiero que me enseñes un ejercicio para bajar tripa (en versión femenina: para levantar culo)», y se pellizca los michelines. Lo que suelo contestar es lo siguiente: «¿Sabes cuál es el mejor ejercicio? Lunes, martes, miércoles, jueves. Lo que quiero es verte todos los días», y los clientes suelen reírse cuando añado: «Mira, es más. ¿Sabes lo que te digo? Estás en tan mala forma ahora mismo que, sólo con oler el gimnasio cada día, verás resultados».

Lo más importante no es el ejercicio en sí, sino que entrenes con regularidad. Da igual (es un decir) los ejercicios que hagas, lo bien que los hagas; como no seas perseverante y constante, nunca verás resultados. Me dirás que «bueno, una vez a la semana, a pesar de todo, es mejor que ninguna, ¿no?». Sí, vale. Siempre es algo, y algo es mejor que nada. Pero depende de lo que quieras. Eso es como el dinero: puedes conformarte con 50.000 pesetas al mes: sobrevives, pero no mucho más. Si te contentas con una sesión de ejercicio a la semana, mantendrás tu nivel de salud, pero no te quitarás la grasa del cuerpo.

Constancia, perseverancia, regularidad: es la regla de tres para que tu cuerpo aprenda a quemar eficientemente la grasa.

Para resumir: si quieres poner a punto tu máquina *quemagrasa* y eliminar de una vez por todas la tendencia que tiene tu cuerpo a almacenar grasa, tienes que hacer ejercicio aeróbico...

- **3-5 veces por semana,**
- **con sesiones de 30-45 minutos,**
- **con una intensidad moderada (no hace falta sufrir),**
- **con movimientos rítmicos y continuados (correr, andar, nadar).**

Actividades

- **¿Cuál es el mejor ejercicio para quemar calorías, bajar grasa y ponerte en forma? El que más te guste y el que vayas a hacer con regularidad.**
- **No tengas miedo a introducir variedad en tu programa de entrenamiento: nadie dice que debas dedicarte a un solo tipo de actividad.**

La típica pregunta que me hace la gente es la siguiente (siempre con la misma obsesión: perder grasa): «¿Qué quema más calorías? ¿Correr, nadar, montar en bicicleta, el *step*...?». Como veremos a continuación, muchos son los ejercicios aeróbicos, pero mi respuesta siempre es la misma: «**¿Cuál es el mejor ejercicio para quemar calorías, bajar grasa y ponerte en forma? El que más te guste y el que vayas a hacer con regularidad**». Mientras te atengas a las pautas de intensidad, duración y frecuencia que acabo de explicarte, da igual que andes, corras, hagas bici o *step*. A la hora de elaborar tu programa de entrenamiento, lo que tienes que hacer es ajustar estas reglas generales a tus posibilidades y necesidades.

La edad, el exceso de peso, cualquier tipo de consideraciones médicas, deben tomarse en cuenta. También entra en juego el tiempo libre del que dispongas, y si el sitio donde vives te permite practicar tal o cual actividad. Hemos visto lo importante que es la motivación para empezar. Ya es bastante difícil motivarse. Pero si, además, tienes que recorrerte media ciudad para hacer ejercicio, lo más probable es que te desanimes muy rápidamente. La elección de tu tipo de actividad debe hacerse en función de todos estos parámetros. Como regla general, recuerda que si disminuyes la intensidad de un ejercicio, por la razón que sea, debes incrementar su duración. Así, cuando andas, la intensidad del esfuerzo es inferior a cuando corres. Por lo tanto, debes andar durante más tiempo para sacar los mismos beneficios del ejercicio.

Andar, correr, nadar y montar en bicicleta son los ejercicios aeróbicos más cómodos de practicar. Ahora te expondré las correspondientes ventajas y desventajas. Elige tú el ejercicio que más te guste y que te sea más cómodo. Y recuerda: tu cuerpo tiene a su disposición dos médicos: ¡la pierna izquierda y la pierna derecha!

Andar

- **¡Todo el mundo puede andar!**
- **Pasear no es andar.**

Los enfermos, las personas mayores, las personas obesas: todo el mundo puede andar. Andar es el ejercicio aeróbico que todos pueden practicar. Ahora bien, andar no siempre se califica como ejercicio aeróbico. Depende de la edad, del estado de salud de la persona, así como del ritmo que siga. Andar no es lo mismo para un joven atleta que para un anciano. Acuérdate de las condiciones que tiene que cumplir un ejercicio físico para ser aeróbico (o sea, para que te ayude a quitar la grasa del cuerpo): tienes que practicarlo a determinada intensidad para que produzca en tu organismo alteraciones significativas. Tus pulsaciones han de subir a la llamada zona de entrenamiento, la famosa zona *quemagrasa*. Deducirás conmigo que, por lo tanto, para el joven atleta, andar no es un ejercicio aeróbico, ya que su cuerpo necesita una intensidad de esfuerzo muy superior, pero sí lo es para el anciano. Y puede serlo para ti, según tu nivel de forma física.

No obstante, quiero que quede claro: cuando digo que andar es un ejercicio aeróbico, no me refiero al paseíto de media tarde, yendo de tiendas y parando cada dos por tres para charlar con los vecinos. Recuerdo a una clienta que se llamaba Andrea. Un día le pregunté si, aparte de las horas que entrenaba conmigo, hacía ejercicio. Me contestó que sí, que todos los domingos daba grandes paseos. Un domingo, mientras corría por el parque de mi barrio, vi a una señora muy apuesta paseando con su marido. Iba con su traje de Chanel y sus tacones, y paraba a menudo para saludar a los amigos. ¡Era mi Andrea! Me entró la risa y fui hacia ella. «¡Oye, Andrea!, ¿es esto a lo que tú te atreves a llamar «andar»...? Yo lo llamo "tomar el aire". Dar un paseo no está mal, pero no me vengas con que haces ejercicio.»

Pasear no me parece nada mal, al contrario, ya lo he dicho, me parece fenomenal: es muy bueno psicológicamente estar en la naturaleza y respirar oxígeno, o ir con una amiga y contarle tus cosas mientras vais andando por la calle. Pero esto no es ejercicio aeróbico: no es andar, no te suben las pulsaciones, no sirve para quemar grasa ni para tonificar el cuerpo.

Es diferente pasear y andar a ritmo ligero. Un paseo le sirve de ejercicio aeróbico a una persona de 70 años que anda con bastón. Pero para una persona todavía joven no es suficiente. De hecho, en la mayoría de la gente, el andar, aunque sea rápido, no produce cambios significativos del sistema cardiorrespiratorio. Andar no se califica como ejercicio aeróbico. Ahora bien, es bueno para las mujeres embarazadas, para los que se están recuperando de una lesión o alguna enfermedad, para las personas de cierta edad y/o que han estado inactivas durante mucho tiempo. Incluso diría más: para estas personas, el andar debería ser su principal forma de actividad.

Para la gente muy sedentaria, andar es una buena manera de empezar un programa de entrenamiento aeróbico. Para que se considere como un ejercicio aeróbico, has de hacerlo a un ritmo acelerado y durante mucho tiempo, como mínimo una hora. Recuerda que debe costarte un poco hablar mientras andas. Cuando notes que estás demasiado a gusto, sube la intensidad: acelera el paso. **No olvides que tu ritmo debe estar desafiando constantemente a tu sistema cardiorrespiratorio**. De lo contrario, no alcanzas tu zona de entrenamiento, tu zona *quemagrasa*. Repito: pasear por el barrio, andar diez minutos, pararse a hablar con el de la esquina o a tomarte un café, no vale. Ahora, sí vale irte de marcha por la montaña con un saco a cuestas. Eso sí que es intensidad. No es lo mismo escalar el Machu Pichu que ir de tiendas por la calle mayor.

Andar-trotar

Aprende a correr. A las personas obesas siempre digo que solucionarían su problema si pudieran correr media hora seguida sin parar. Pero no pueden. No pueden porque tienen un cuerpo que no está en forma y no procesa correctamente el oxígeno. Por eso, en vez de invertir tanto tiempo en dietas y tanto dinero en productos milagrosos, estas personas tendrían que invertir su dinero en buenas zapatillas de deporte, y su tiempo, en aprender a correr. La gente que corre no está gorda. Fíjate en los animales: ¿has visto algún zorro o una gacela con michelines?

Lo que pasa es que, si llevas mucho tiempo sin hacer nada de ejercicio, no te hagas ilusiones: si aguantas cinco minutos corriendo, ya será una hazaña. Por eso, primero tienes que aprender a correr.

Empieza andando 30-45 minutos. Al cabo de cinco días, o de un mes, dependiendo de tu forma física inicial, incorpora en tu paseo intervalos en los que corres 3 minutos seguidos. Cinco días más tarde, alarga los intervalos a 5 minutos seguidos. Y continúa así hasta que puedas trotar 20-30 minutos seguidos sin parar.

Ésta es una excelente manera de poner en forma tu sistema cardiorrespiratorio y enseñar a tu cuerpo a quemar grasa. De este modo, preparas suavemente el terreno para poder luego echarte a correr y conseguir mayores resultados.

Correr

Para correr, lo único que necesitas es motivación y unas buenas zapatillas de deporte. Una de las principales ventajas del *footing* es que lo puedes practicar en cualquier sitio: la playa, el campo, la ciudad... No necesitas a compañeros o contrincantes, ni tienes que comprar equipos carísimos. Además, y eso es más importante todavía, puedes correr cuando te da la gana, aprovechando cualquier hueco de tu apretada agenda. No hay nada que pueda impedirte correr, ni siquiera el mal tiempo. Si llevas la ropa adecuada, la lluvia o el frío pueden ser una molestia, pero no son ningún obstáculo. En resumen, para correr, lo único que necesitas de verdad son unas buenas zapatillas de deporte. Por eso yo, cuando viajo, siempre me llevo mis zapatillas de hacer *footing* en la maleta. Viajar no me impide mantenerme en forma. He hecho *footing* en las playas de California, en las calles de Lima, Buenos Aires o Londres. Siempre es un placer descubrir ambientes nuevos corriendo y respirando olores desconocidos.

Además, otra gran ventaja que conlleva el correr es que permite quitarte el estrés de encima. Cuando estoy estresado, me pongo los cascos, me aíslo del mundo, y me voy al campo a correr. Estoy solo con la naturaleza y mis pensamientos. Corriendo, me siento animal, pertenezco a la tierra y al aire. Se produce una simbiosis entre la naturaleza y yo, y de este contacto íntimo con la naturaleza al ritmo de las zancadas brotan ideas nuevas. Son momentos maravillosos, llenos de creatividad. Para mí es una verdadera experiencia espiritual, al mismo tiempo que hago ejercicio.

Sin embargo, reconozco que, como a todo el mundo, a veces me da pereza ponerme las zapatillas y correr. Me cuesta, pero me obligo y nunca me arrepiento. Los diez primeros minutos son los más difíciles. Pero luego, cuando acabo, me siento pletórico. Obli-gate también. Ya verás: correr es un placer... y además quemas grasa sin tener que dedicarle demasiado tiempo.

Para reeducar tu organismo y enseñarle a quemar grasa, tienes que correr sólo dos horas a la semana (o sea, 4 sesiones de 30-45 minutos). Cuando llegues a correr 30-45 minutos seguidos sin parar, en vez de incrementar la duración del ejercicio, trabaja la velocidad. Sigue corriendo los mismos minutos, pero más rápido. No alargues tus sesiones de ejercicio, tienes otras cosas que hacer.

Ya conozco el argumento que algunas personas adelantan en contra del *jogging*: «Vale, todo esto está muy bien, dos horas es poco tiempo, pero yo vivo en la ciudad, no tengo el campo al lado, y correr en las aceras atascadas de gente no me hace mucha gracia». A eso contesto que también existen los gimnasios y las cintas para correr o andar. Lo bueno de las cintas es que pones la máquina a la velocidad que quieres, te echas a correr, y cuando has terminado tienes a tu disposición todas las instalaciones del gimnasio: puedes utilizar las máquinas para estiramientos, hacer un circuito de pesas, ir a la sauna. Luego te duchas y se acabó. Dejas el gimnasio y puedes dedicarte a tus otras actividades.

Algunos dicen que la cinta es aburrida. Depende de cómo te lo tomes, porque es tan cómodo... Aquí, en Madrid, a veces me da pereza coger el coche, meterme en el tráfico para ir a correr al campo. Claro, cuando estoy en California, donde paso temporadas, es totalmente distinto. Vivo en la playa. Sólo es abrir la puerta y echarme a correr. Allí no se me ocurriría correr en una cinta, encerrado en un gimnasio. Correr por la arena blanda de la playa tiene otro encanto. Y eso sí que es un ejercicio intenso. Te hundes al correr y te cuesta más trabajo. También puedes correr en el mar, con el agua hasta las rodillas. Es una sensación que me encanta y es un ejercicio buenísimo ya que el agua pone resistencia y te obliga a esforzarte más. Pero ya sé que esto es un lujo, y en la mayoría de las grandes ciudades, ni lo sueñes. No hay playa, no hay mar, y no puedes ir al campo sin coger el coche. Por eso considero que la cinta es un maravilloso invento. Puedes controlar la intensidad y la velocidad y si todavía echas de menos el mar o el campo, cómprate un CD del canto de las ballenas y ponte los cascos.

Bicicleta

- **Ir en bici es menos estresante para el cuerpo.**
- **Hay que mantener un ritmo continuado por un mínimo de una hora.**

Después de vivir unos años en California, cuando regresé a Madrid, recuerdo que durante una temporada seguí con una buena costumbre que había adoptado allí. Iba en bicicleta a todas partes. Me ahorraba los atascos y cogía todos los atajos posibles. Me encantaba ir en bici por las calles de la ciudad, a pesar, eso sí, del peligro que supone andar entre los coches locos de la capital. Pero luego hice como todo el mundo, me compré un coche (que me robaron), y dejé la bici en el desván de mi casa. Una pena, porque desperdicié una agradable manera de hacer ejercicio.

Montar en bici es otro ejercicio aeróbico excelente para desarrollar tu aparato cardiorrespiratorio. Sin embargo, reconozco que tiene dos inconvenientes: primero, necesitas una bici, y las bicicletas pueden llegar a ser caras; luego, aunque yo lo hice y disfruté de ello, andar en bici por la ciudad puede resultar peligroso. Ahora bien, si tienes una bicicleta y vives en el campo, es una ma-

Calentamiento Trabajo intenso Enfriamiento

nera fantástica de hacer ejercicio aeróbico siempre que te atengas a las pautas de intensidad, frecuencia y duración.

Sin embargo, como ya te dije cuando hablé del andar, obtendrás beneficios fisiológicos y verás resultados si cumples con algunos requisitos. Antes que nada, tienes que saber montar en bici. Me dirás que no te tome el pelo, que claro que sabes hacerlo, pero yo no me refiero a darte un paseíto por el barrio. **Me refiero a mantener un ritmo continuado por un mínimo de una hora**. Por la ciudad, esto es muy difícil: tienes que parar en los semáforos, esquivar coches... Mucho mejor es ir por la carretera o con una *moutain-bike* por el campo, donde no tienes paradas.

Personalmente, me encanta el *moutain-bike*. Estás al aire libre, en el campo, subiendo montañas o atravesando bosques. Es fantástico. Pero, y esto es un gran inconveniente, hay que trasladarse al campo, llevar la bici en el coche... Para una persona que no tiene tiempo, resulta más práctico correr, dado que puedes correr en cualquier sitio. Además, para sacar los beneficios que quieres (reeducar tu organismo, quemar grasa), correr media hora equivale a andar en bici una hora y media (¡el triple!). Dicho de otro modo: **si el tiempo es oro para ti, corre**.

Cinta de correr

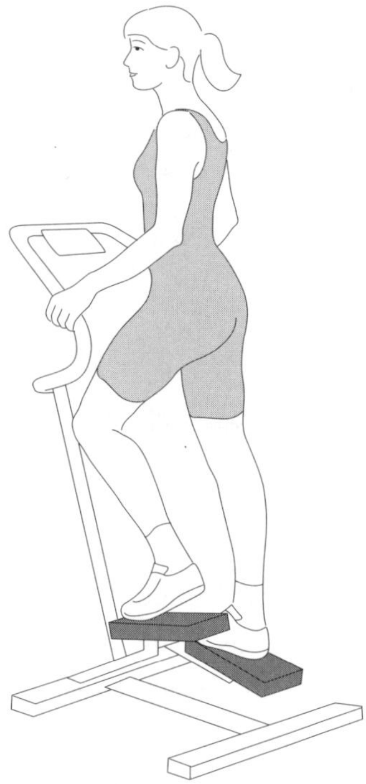

Step

Ahora bien, también es verdad que **la bicicleta es más suave para el cuerpo que el correr**. Por ejemplo, las veces que me he lesionado los tobillos o las rodillas, nunca he dejado de hacer ejercicio: montaba en bici, y la verdad es que mis lesiones ni me molestaban. Al contrario, correr puede ser agresivo para la espalda o para las articulaciones. Montar en bici no lo es, y según tu forma física, puede ser una diferencia determinante a la hora de elegir una actividad aeróbica. En este caso, si no tienes mucho tiempo libre, o si no puedes ir a menudo al campo, existe la solución de **la bicicleta estática**. Igual que la cinta para correr, si no existiera habría que inventarla. La bicicleta estática es estupenda: puedes usarla en el gimnasio, o incluso puedes tener una en casa. En este último caso, la excusa de la falta de tiempo ya no vale: ni siquiera tienes que desplazarte para hacer ejercicio. Con la bicicleta estática, todo son ventajas: es fácil mantener el ritmo, ya que no tienes que preocuparte del tráfico o de los accidentes de relieve; no requiere el equilibrio y la coordinación que exige andar en bici por la ciudad o el campo; en fin, incluso puedes coger un buen libro y leer mientras estás haciendo ejercicio, cultivando a la par el cuerpo y el espíritu. *Mens sana in corpore sano.*

Si a pesar de todas las ventajas que te acabo de exponer, sigues teniendo miedo a aburrirte en la bicicleta estática, haz lo que recomiendo a mis clientes del gimnasio: 20 minutos en la bicicleta estática y 20 minutos corriendo en la cinta. Así no se te hará tan monótono el ejercicio.

Nadar

- **La natación es el ejercicio aeróbico más completo. Pero, si estás obeso, no es tan eficiente para perder grasa como otras actividades.**

La natación constituye un ejercicio con múltiples ventajas: es con el que menos te lesionas; te da enormes beneficios cardiovasculares; te pone en muy buena forma; es muy completo y tonifica prácticamente todos los músculos del cuerpo. De modo que pensarás: «Éste es el ejercicio perfecto para mí». Lo es... si no padeces un gran exceso de grasa. En efecto, a lo largo de mis años de experiencia, he medido la grasa del cuerpo a cientos de personas y, curiosamente, he observado que a los que empiezan a nadar para perder grasa les suele resultar muy difícil conseguir su objetivo. Asimismo está comprobado que los nadadores llevan un porcentaje de grasa en el cuerpo más alto que los ciclistas o los maratonianos. Por lo tanto, si lo que quieres es perder grasa, no te recomiendo que practiques **sólo** la natación.

La verdad, es una pena que con la natación cueste tanto perder grasa, porque es un deporte muy completo y nada agresivo. **Es el deporte más suave que conozco**. La resistencia del agua hace que tus músculos trabajen más sin que lo notes. De hecho, hacer ejercicio en el agua es lo mejor cuando tienes problemas de sobrepeso que dificultan tus movimientos, cuando tienes artritis o te duelen las articulaciones, o si eres una mujer embarazada. Yo mismo, cuando me lesiono y no puede esforzarme demasiado, suelo incorporar la natación a mi entrenamiento. De todas formas, tampoco hay que sacar las cosas de quicio. Lo único que estoy diciendo es que, si estás obeso, no perderás grasa **tan efectivamente** con la natación como con cualquier ejercicio aeróbico de tierra, pero por supuesto que puedes ponerte en forma con la natación, siempre que sigas, claro está, las directrices de frecuencia, intensidad y duración.

Para obtener realmente beneficios fisiológicos de la natación, es preciso saber nadar, y nadar bien, con movimientos coordinados y rítmicos. Y esto requiere mucha práctica. Entonces constituye un buen ejercicio. Me aficioné a la natación cuando vivía en Los Ángeles. Primero empecé con cuatro largos, luego ocho, y luego más. ¡Qué gusto! Mientras que el *footing* me deja bastante abatido el cuerpo, nadar me relaja. Se me regenera el cuerpo. La gran ventaja que allí tenía es que el mar estaba a un paso de mi casa. Si no vives cerca del mar, la práctica de la natación presenta algún que otro inconveniente: hay que ir a una piscina, y no las hay siempre cerca de tu casa, tienes que mojarte el pelo, el cloro te reseca la piel... Confieso que nadar en una piscina no es lo que más me gusta. Pero si no hay más remedio, ¡adelante!, no dejes de nadar.

Si lo que quieres es perder grasa, combina la natación con un ejercicio aeróbico de tierra.

Prueba a nadar dos veces por semana y andar, correr o montar en bici otras dos veces. Verás cómo te pones en forma, pierdes grasa y disfrutas.

JOHN SMITH

EJERCICIOS DE RESISTENCIA

La apariencia física cambia. Un cuerpo delgado
y unos músculos tonificados son una satisfacción.
PERO
Sentirse realizado y seguro de uno mismo
es otra gran satisfacción.
Y
El hecho de que el ejercicio mejore nuestra salud general
y nuestro bienestar debe ser la primera razón
para practicarlo de modo asiduo.

¿Por qué no cambia la forma de mi cuerpo?

- **El ejercicio aeróbico, aunque lo practiques de modo regular y asiduo, no puede cambiar la forma de tu cuerpo.**
- **Con las pesas, cambias la forma de tu cuerpo.**

«Hago ejercicio aeróbico, corro, hago bicicleta o voy a nadar cinco veces a la semana. Está claro que me siento en mejor forma y que he perdido algo de peso, pero mis brazos siguen blanduchos y mis caderas están llenas de celulitis. Incluso he cambiado mi alimentación, como menos cantidad, y la verdad es que estoy delgada. Pero la apariencia de mi cuerpo sigue siendo la misma de siempre. Sigo pareciendo gorda.»

MÓNICA

Cuántas veces he oído estas palabras de boca de hombres y mujeres, frustrados y desesperados porque, a pesar de sus grandes esfuerzos para adoptar costumbres de vida sanas, no logran modificar la apariencia de su cuerpo. ¿Cuál es el problema? El problema es que el ejercicio aeróbico, aunque lo practiques de modo regular y asiduo, no cambia la forma de tu cuerpo. Tampoco te moldearás un cuerpo escultural si sólo te dedicas a tu deporte favorito. Si juegas al tenis, tendrás unos brazos elegantes. Si esquías, tendrás unas piernas bonitas. Pero ¿qué pasa con los músculos de tu estómago o de tu culo? Sólo un buen programa de pesas permite desarrollar y tonificar todos los músculos del cuerpo.

La pregunta es: ¿por qué los ejercicios aeróbicos resultan ineficaces a la hora de modelar tu cuerpo? Porque no te ayudan a reemplazar el tejido muscular que has perdido debido a la inactividad física y al paso del tiempo. Sin músculos, al desaparecer la grasa (gracias al ejercicio aeróbico), el cuerpo se queda blando y fofo, con las carnes colgando. A medida que transcurren los años, mientras tus músculos siguen atrofiándose, tu piel va colgando cada vez más. Por eso, cuando envejeces, si no tonificas tus músculos con los ejercicios adecuados, casi es mejor que tengas un leve exceso de grasa: por lo menos no te colgará la piel.

La solución reside en los ejercicios de pesas que, a diferencia de los ejercicios aeróbicos, previenen la atrofia muscular y te ayudan a construir músculos duros y tonificados. **Con las pesas, cambias la forma de tu cuerpo**.

Si me preguntaras cuál es la parte más importante de mi método (ejercicio aeróbico, pesas, alimentación), te diría que ninguna prevalece sobre las otras. Cada una tiene una función bien definida. Sin embargo, para dar forma a tu cuerpo y acentuar las curvas, no cabe duda de que únicamente los ejercicios de resistencia (o levantar pesas) te lo permitirán.

Hasta hace poco, la mayoría de los expertos en *fitness* hacía hincapié sólo en dos aspectos para ponerse en forma: aconsejaban seguir una dieta sana y equilibrada y realizar ejercicios aeróbicos. Dejaban de lado las pesas, considerando que esta actividad no era imprescindible en un programa de *fitness*. Pero, al comprobar que las clases de aeróbic seguían abarrotadas de gente gorda que, aunque se esforzara mucho, no lograba transformar su cuerpo, se dieron cuenta de su error: el ejercicio aeróbico, del tipo que sea (correr, remar, nadar, hacer bicicleta o clases de aeróbic), es necesario pero insuficiente para modificar el aspecto físico. La grasa del cuerpo se quema en el músculo siempre que éste se halle tonificado y en forma, por lo cual es necesario combinar el ejercicio aeróbico con los ejercicios de resistencia a fin de conservar una masa magra capaz de quemar eficientemente la grasa.

Fíjate en el aspecto físico de los corredores de maratón o ciclistas, y en el de los plusmarquistas de cien u ochocientos metros. Los primeros parecen delgados, incluso demacrados, pero en realidad tienen más grasa que los últimos. Éstos no hacen o hacen muy poco ejercicio aeróbico de modo prolongado e intenso pero tienen un cuerpo más fuerte y más definido que aquéllos, debido a las horas de entrenamiento con pesas y a las carreras cortas y rápidas. Aunque muchas veces se crea lo contrario, la práctica intensa del **único** ejercicio aeróbico no es el mejor modo de eliminar grasa, dado que conlleva una reducción de músculo, esto es, del horno donde se quema la grasa.

¡No digo que los ejercicios aeróbicos sean inútiles! De ser el caso, no habría gastado tanta tinta para detallarte sus innumerables ventajas: con el ejercicio aeróbico, enseñas a tu cuerpo a quemar grasa y desarrollas y mantienes el buen estado de salud de tu corazón, pulmones y vasos sanguíneos. Pero, si sólo haces ejercicios aeróbicos, aunque comas menos, no conseguirás los resultados que deseas. Perderás peso pero la forma de tu cuerpo no cambiará. Si tu cuerpo tiene forma de pera, simplemente se convertirá en una pera más pequeña.

El ejemplo de Mario es significativo. Mario es un ex cliente mío que vino a visitarme hace cuatro meses. Había adelgazado doce kilos. Me explicó muy orgulloso que lo había conseguido haciendo una hora de ejercicio aeróbico seis días a la semana. Estaba tan ilusionado que no quise aguarle la fiesta, y no dejé de alabarle y felicitarle. Ciertamente, había perdido volumen, pero en realidad no se le veía muy buen aspecto: tenía la cara demacrada, le colgaba la piel y seguía con la misma mala postura de antes (era un hombre alto que iba encorvado). Ese aspecto demacrado no procedía de la falta de grasa, sino de la pérdida de tejido muscular ocurrida antes de que empezara el ejercicio aeróbico. Para construirse nuevos músculos y modificar su apariencia exterior, tenía que hacer pesas. Sólo las pesas pueden dar marcha atrás al proceso de atrofia muscular. Sólo las pesas pueden tonificar y moldear tu cuerpo. Con las pesas, no sólo eliminas mejor la grasa, sino que también mejoras tu aspecto físico.

Si quieres ponerte en forma, perder peso y lucir un cuerpo del que estés orgulloso, el ejercicio aeróbico es necesario pero insuficiente. También tienes que hacer pesas.

Cualquier programa de entrenamiento que se precie –¡y eso es lo que pretendo ofrecerte!– debe por lo tanto incluir ejercicios cuyo objetivo es desarrollar la fuerza y la resistencia muscular, esto es, ejercicios de pesas. El drama es que todavía existe mucha ignorancia al respecto y ya me he acostumbrado a que, cuando menciono la terrible palabra «pesas», la gente me mire con cara de horror y las mujeres salgan corriendo de mi despacho. Por eso prefiero hablar de «ejercicios de resistencia». Demasiadas personas asocian las pesas con volumen, músculos grandes a lo Arnold Schwarzenegger, justo lo opuesto a lo que quieren. ¡Si supieran cuán difícil es desarrollar músculos voluminosos y que muy poca gente tiene el potencial genético adecuado y los niveles hormonales para conseguirlo! Los hombres y las mujeres que se presentan a los campeonatos de *body-building* entrenan horas y horas todos los días en el gimnasio. Incluso algunos llegan a tomar anabolizantes (sustancias químicas) para conseguir esos músculos voluminosos que tanto a ti como a mí nos horrorizan.

Yo he entrenado con pesas a actores, a actrices, a modelos, a bailarines, a señoras y señores de 70 años y nadie se ha convertido en una masa de músculo. Al contrario: han perdido volumen y talla de ropa ya que el músculo ocupa menos espacio que la grasa. Créeme. Si lo que quieres es un *look* elegante, un cuerpo delgado, firme y definido, tienes que hacer pesas (perdón, ejercicios de resistencia). A continuación te explicaré cuáles son las ventajas que proporciona la práctica regular y constante de las pesas, y te propondré un amplio abanico de ejercicios. Pero, antes de proseguir, quiero abrir un breve paréntesis dirigido a mis queridas lectoras: si eres mujer, no te saltes esta parte de mi programa. Las pesas se dirigen tanto a los hombres como a las mujeres. No tengas miedo: hacer pesas no te convertirá en la versión femenina de Rocky; **hacer pesas te permitirá diseñar el cuerpo tónico y estilizado con el que sueñas**.

¿Por qué debemos hacer pesas?

- **La grasa del cuerpo se quema en el músculo, pero sólo si se trata de un músculo tonificado y en forma, por lo cual es necesario combinar el ejercicio aeróbico con los ejercicios de resistencia.**

Desarrolla tu motor (los músculos)

Es cierto que los genes desempeñan un papel significativo en el metabolismo: por predisposiciones genéticas, algunas personas tienen la suerte de quemar mejor la grasa que otras. Pueden comer más sin engordar. Pero también influye en el metabolismo el tamaño del cuerpo: una persona grande con mucha masa magra (músculos, huesos, órganos) necesita más combustible que una persona pequeña, por lo cual convierte una mayor cantidad de calorías en energía, es decir, quema más grasa. Como te he explicado en la primera parte, el músculo es el motor del cuerpo, y cuanto más músculo (más masa magra) tienes, quemas la grasa con más eficiencia no sólo cuando haces ejercicio, sino también durante cualquier actividad cotidiana.

Si bien no puedes (todavía) modificar tus genes, tienes la posibilidad de mejorar tu metabolismo desarrollando tu masa magra. ¿Cómo? Tonificando tus músculos con ejercicios de pesas.

Me parece fundamental que incluyas las pesas en tu programa de entrenamiento, sacarás grandes beneficios. Sin embargo, para que no te desanimes quiero avisarte de que al empezar con las pesas puede que notes que la aguja de tu báscula no baja mucho. Es normal: el músculo tiene más densidad que la grasa, pesa más que la grasa y ocupa menos espacio. Por consiguiente, si haces pesas, tu cuerpo pierde volumen, se define y tonifica, aunque pierdas poco peso. No se mueve, o poco, la aguja de la báscula, pero tu cuerpo se ve mejor.

Vivir mejor

Ya lo he dicho, por el modo de vida que llevamos los hombres y las mujeres de hoy, la obesidad se está convirtiendo en un problema de interés general. Desgraciadamente, no es el único: no sólo somos más gordos que nuestros antepasados, sino también más débiles. En efecto, dado que solicitamos muy poco nuestros músculos en nuestro día a día, éstos van atrofiándose, por lo cual tenemos menos fuerza, así que los utilizamos menos todavía. A consecuencia de ello, engordamos, por lo cual nos resulta aún más difícil practicar cualquier actividad física. Para muchas personas, este desgaste progresivo va acompañado de una disminución paulatina de la autoestima. Aparece la depresión, y alivian su sufrimiento comiendo mal y demasiado, de modo que acumulan todavía más grasa en sus cuerpos ya deformados. Y se deprimen más, atrapados en una espiral nefasta para su salud física y emocional.

Es un círculo vicioso: la inactividad origina la pérdida de masa muscular, y la pérdida de masa muscular genera inactividad. Así es como el cuerpo se desgasta y envejece.

Por eso tienes que hacer pesas. Para luchar contra el paso del tiempo. Para llegar a los 40 o 50 con músculos fuertes. Para que tu debilidad física ya no te ponga trabas en tu vida cotidiana. Para sentirte fuerte y con confianza. En fin, para vivir mejor. Es obvio que si te haces más fuerte, eso te ayudará en todos los gestos de tu día a día. Te costará menos llevar las bolsas de la compra, los *packs* de agua... o al niño en las escaleras. En el campo del ocio, unos músculos tonificados y fuertes te permitirán disfrutar mejor de tus partidos de tenis o de cualquier actividad deportiva que suelas practicar. No se trata de conseguir músculos voluminosos, sino de desarrollar unos músculos que te permitan desenvolverte mejor en tu vida diaria. Para ello, tienes que estimular todos tus músculos, y no sólo los que sueles utilizar. No lo dudes, sólo sacarás beneficios de la práctica de las pesas.

Parecer más delgado

- **El músculo ocupa menos espacio que la grasa.**
- **La composición de tu cuerpo determina tu aspecto físico.**

Te he dicho que con las pesas transformas la forma de tu cuerpo. ¿Sabes por qué? **Porque la composición de tu cuerpo determina tu apariencia exterior**. Si sustituyes la grasa de tus caderas o de tus muslos por músculos, tus caderas o tus muslos parecerán más delgados, aunque sigas pesando lo mismo. Al seguir tu programa de pesas, no sólo perderás grasa, por quemar más calorías, sino también centímetros, por sustituir la grasa por unos músculos firmes y fuertes. Conseguirás cambios drásticos sin sentirte débil como ocurre cuando te pones a dieta. Quizá no se note tanto en la báscula, pero sí podrás volver a ponerte esos vaqueros de tu juventud que la nostalgia siempre te impidió tirar... y que llevabas años sin poder abrochar.

Repito: **un músculo tonificado y en forma no es sinónimo de volumen**. Desarrollar tus músculos te permitirá conseguir un cuerpo tonificado y estilizado, un cuerpo atractivo.

Si entrenas aproximadamente 30 minutos, tres veces a la semana, con intensidad, no notarás un aumento notable en el tamaño de tus músculos. Pero sí parecerás más delgado y tonificado. No verás una masa de músculos en el espejo, sino un cuerpo firme y tónico. Un cuerpo con el que te sentirás a gusto.

Comer más y no engordar

- **Si tienes una musculatura desarrollada, puedes comer más, porque tu motor necesita más combustible (el metabolismo de tu cuerpo aumenta).**

Si practicas regularmente ejercicios de pesas, tonificas tus músculos, aumentando el número de enzimas y fibras musculares que participan en la destrucción de la grasa. **Puedes comer más y disfrutar de tus platos favoritos sin engordar, porque tu motor necesita más combustible**. Los músculos nunca descansan: incluso cuando duermes, las fibras musculares siguen vibrando levemente. Los músculos tonificados de una persona que hace pesas consumen por lo tanto más energía que los de una persona sedentaria y en mala forma física, incluso cuando está sentada en una silla o tumbada en la cama. Una persona que hace pesas **quema aproximadamente 30 calorías más por hora, esto es, ¡unas 700 calorías al día!** Para ella las dietas traumáticas no son más que un mal recuerdo.

Ya hemos visto que los hombres comen más que las mujeres y no engordan, porque tienen una masa muscular más desarrollada. Pero esta injusticia no es ninguna fatalidad. Las mujeres pueden derribarla. ¿Cómo? Desarrollando su motor, tonificando sus músculos..., ¡haciendo pesas! (Insisto otra vez: no me refiero a músculos descomunales, sino a músculos fuertes.)

Luchar contra el envejecimiento

- **¡A los 70 años sólo nos queda la tercera parte de los músculos que teníamos a los 40!**
- **Cuando llega a los 40 o 50 años, la mayoría de la gente piensa que si su cuerpo cambia, es por culpa del exceso de grasa. En realidad, el problema es que no tienen una musculatura en forma. Tienen un motor de pocos cilindros.**
- **Nunca es tarde para empezar: las personas mayores pueden rejuvenecer su fisiología de modo significativo si deciden desarrollar su musculatura haciendo pesas.**

Es un error bastante común pensar que los ejercicios de pesas sólo son para la gente joven. Es totalmente falso. Muchos estudios demuestran que los ejercicios de resistencia son buenos para todas las edades, incluso para la gente mayor. De hecho, se ha demostrado que son particularmente eficientes para combatir algunos problemas de salud que afectan a las personas de más de 50 años. Es que, con las pesas, ¡el cuerpo rejuvenece! Las pesas hacen que tu cuerpo se mantenga joven y atlético porque previenen la atrofia muscular que empieza a ser manifiesta a partir de los 30 años (o incluso antes). Si no haces nada para remediar este proceso (o sea, si no haces ejercicio físico), cuando llegas a los 40, ya no reconoces tu cuerpo. Te voy a dar un ejemplo, que indudablemente te resultará familiar.

Imagina que tenías un compañero en la universidad, un chico apuesto, de buen ver, con un cuerpo atlético pero no demasiado musculoso. Os perdisteis de vista, porque así es la vida: el trabajo, la familia... Pasan unos quince años, y te lo encuentras por casualidad. Ahora se acerca a los 40. Sigue usando la misma talla de ropa, su cara es más o menos la misma, no es calvo ni canoso, pero algo en él sí es distinto. ¿Qué será? Su cuerpo ha cambiado. Para ser más exacto, la forma de su cuerpo. Ya no se mantiene erguido como antes, anda encorvado, sus hombros parecen cansados, sus brazos son delgaduchos, y una incipiente tripita ha sustituido los abdominales duros y firmes de antaño. No está gordo, pero ya no es el chico atlético que conociste. ¿Qué le ha pasado? Es una víctima más del paso despiadado del tiempo: está perdiendo músculos, y nada podrá frenar el irreversible proceso..., excepto la práctica de ejercicio, y en especial los ejercicios de pesas, que desarrollan y fortalecen los músculos.

Al llegar a los 40 o 50 años, la mayoría de la gente piensa que si su cuerpo cambia, es por culpa del exceso de grasa. En realidad, el problema es que no tienen una musculatura en forma. Tienen un motor de pocos cilindros. Ya te lo he explicado en la primera parte: si tus músculos no trabajan de un modo adecuado, pierdes entre 1 y 2 kilos de tejido muscular cada década de tu vida adulta. Si no haces nada para detener el proceso, a los 70 años sólo te queda la tercera parte de los músculos que tenías a los 30. Este fenómeno se llama *sarcopenia* (del griego *sarco*, que significa «músculo», y *penia*, que significa «pérdida»). Por un lado, debido a esta pérdida progresiva de músculo no puedes hacer las mismas cosas que antes: te cuesta más levantar objetos, aunque no pesen mucho, te supone un mayor esfuerzo subir las escaleras, o incluso andar. En consecuencia, dedicas cada vez menos tiempo a la actividad física, lo cual a su vez acelera la atrofia muscular. Por otro lado, dado que tienes menos músculo, tu metabolismo funciona más despacio, no quemas tantas calorías: comiendo lo mismo, acumulas más grasa y engordas.

Los músculos no tienen fecha de caducidad. Pueden seguir desarrollándose y tonificándose indefinidamente, de modo que, ejercitándolos con las pesas, está en tu poder luchar contra el proceso de envejecimiento de tu cuerpo e incluso rejuvenecer de modo significativo tu fisiología. Los ejercicios de pesas no sólo son para la gente joven, más bien al contrario. Dado que la pérdida de masa muscular se acentúa a partir de los 40 años, es altamente aconsejable empezar con los ejercicios de pesas a esta edad, para contrarrestar esta tendencia. Si tienes 20 o 30 años, haz pesas para prevenir la atrofia muscular. Si tienes 50 o 60 años, haz pesas para recuperar el músculo perdido. Tengas la edad que tengas, haz pesas y siempre te sentirás joven.

Los ejercicios de pesas te permiten recuperar la masa muscular que has perdido con la edad, e incluso conseguir músculos más fuertes y tonificados que cuando tenías 20 años. Por eso digo que con las pesas tu cuerpo rejuvenecerá.

Disfrutar más de tus otras actividades deportivas

- **Potencia, fuerza, salto, velocidad: todo está relacionado con las pesas.**

Si sigues un buen programa de pesas, notarás una indudable mejoría en la práctica de tu deporte favorito. Cuando juegues al tenis o al voleibol, podrás pegar con mucha más potencia la pelota ya que tus brazos y hombros serán más fuertes; en el campo de fútbol o de baloncesto, correrás mucho más rápido porque los músculos de tus piernas estarán más tonificados. Potencia, fuerza, salto, velocidad: todas estas palabras están relacionadas con las pesas.

En el club donde juego al tenis, veo cómo los resultados de mis amigos y contrincantes empeoran progresivamente a medida que transcurren los años. Pierden potencia en el salto y velocidad cuando suben a la red, no llegan tan rápido a las pelotas como antes, sacan más despacio, disminuyen sus reflejos... Quizá creas que es porque no practican lo suficiente. Ni mucho menos. Entrenan varias veces a la semana. O tal vez opines que es porque están haciéndose más mayores. Tampoco. En realidad, la razón principal de su paulatino declive es la atrofia muscular. La velocidad de un *sprint* o la potencia de un salto dependen mayormente del estado de forma general de los músculos del cuerpo.

Yo tengo 40 años, y sigo corriendo igual o más que cuando tenía 20. ¿Por qué? Porque hago mi tabla de pesas religiosamente unas tres veces por semana. Es una pequeña inversión para disfrutar de mis deportes favoritos. En mi caso, se trata del tenis y del *paddle*. Pero no importa el tipo de deporte que te guste: si esquías, juegas al golf, al fútbol o al baloncesto, hacer pesas te ayudará a que juegues mejor. Como siempre digo, hay que hacer ejercicio para hacer deporte, y no deporte para hacer ejercicio.

Quizá no practiques ningún tipo de deporte porque tienes miedo al ridículo, porque te duelen las articulaciones, porque no estás en forma. Pues bien, si haces pesas, te sentirás más delgado, más fuerte, más enérgico y se desvanecerán entonces todas tus dudas y temores. Te entrarán ganas de dedicarte a una u otra actividad física, y disfrutarás ampliando tu círculo de amistades gracias al deporte.

Disminuir el riesgo de lesiones

En la mayoría de los deportes, muchas de las lesiones se deben a la falta de tono muscular. Si practicas ejercicios de pesas de modo regular, disminuyes los riesgos porque fortaleces las articulaciones y los músculos. Por ejemplo, al ejercitar la musculatura de las piernas (cuádriceps), la fortaleces, protegiendo y quitando presión en la rodilla cuando corres o saltas.

Olvidarte de los dolores de espalda

Si, como la mayoría de la gente en nuestra época, padeces dolores de espalda, tensiones en la nuca o en los hombros, debes saber que determinados ejercicios de pesas pueden solucionar tus problemas. Muy a menudo, si nos duele la espalda, es porque nuestros músculos en la zona abdominal y en la columna vertebral no están suficientemente desarrollados y no soportan el peso de nuestro cuerpo. Si tonificas y desarrollas estos músculos con ejercicios de abdominales, ya no te dolerá la espalda.

Mejorar tu postura y autoestima

El lenguaje corporal suele revelar cosas que no nos atrevemos a expresar con palabras o incluso quizá secretos escondidos en el fondo del inconsciente que nosotros mismos ignoramos. La postura, el modo de movernos, refleja lo que sentimos y cómo nos sentimos, al tiempo que transmite a los demás una determinada imagen de nosotros. Es nuestra tarjeta de visita. Y a todos nos gustaría que esta tarjeta causara muy buena impresión en nuestros interlocutores. Pero, para conseguirlo, primero nos tendría que gustar a nosotros. Con las pesas, es posible.

Seguro que te has fijado en el porte de los atletas: andan erguidos, con los hombros para atrás. Desprenden confianza, energía y vitalidad. Tú también puedes andar como un atleta. Si practicas las pesas de modo regular, te sorprenderás a ti mismo. Cambiará tu postura, parecerás más delgado, te sentirás más fuerte y crecerá tu autoestima. Leerás en la mirada de los demás la admiración y la envidia por tus músculos definidos y la elegancia de tu porte. Te gustará la imagen que transmites y estarás a gusto contigo mismo.

Las pesas y las mujeres

> ***«No quiero tener músculos, pero quiero tener el culo levantado.***
> ***No quiero tener músculos, pero quiero que no me cuelgue la piel.***
> ***No quiero tener músculos, pero no quiero estar blanda.***
> ***No quiero tener músculos, pero no quiero tener tripa.»***
>
> **PERO, ¡¿NO TE DAS CUENTA DE QUE ES PRECISAMENTE MÚSCULO LO QUE NECESITAS?!**

¡No! No estás loca. Sí, estás gorda, aunque no lo vean

> - **Aunque aparentan buen tipo, por los modelos que se compran, muchas mujeres tienen en realidad un cuerpo blando y fofo.**
> - **Haciendo pesas, parecerás más delgada.**

«¡Pero, mujer, estás loca! Estás perfecta. ¿Tú, gorda? Cállate ya.» ¡Cuántas veces has oído esta frase! Sin embargo, como he dicho antes, tú bien lo ves cuando te miras desnuda en el espejo: tu cuerpo te parece fofo, blanducho. Lo que tienes que hacer son más ejercicios de pesas, y menos dieta. Amiga mía, métete bien esto en la cabeza: sin músculos, siempre te sentirás gorda y fláccida. Porque es el músculo el que tonifica y da forma a tu cuerpo. ¡Cuidado! No estoy diciendo que siempre podrás comer de todo. Si te sobran kilos, por supuesto que tienes que seguir pautas alimenticias sanas, como te explicaré en la última parte de este libro. Pero también debes construir una infraestructura que funcione bien, desarrollar fibras musculares. ¿Por qué? Porque si no lo haces, te llevarás una buena desilusión. Perderás kilos pero, como no tienes músculo, lo que verás en el espejo es un cuerpo fláccido, con las carnes que cuelgan. El espejo no te reflejará el cuerpo definido y estilizado que tanto ansías, porque ese cuerpo sólo te lo proporcionan unos músculos duros y tonificados.

¡No, no te convertirás en un marimacho!

- **¡No te asustes! Las mujeres que hacen pesas nunca desarrollan músculos tan voluminosos como los hombres.**
- **En vez de preocuparte por tener demasiado músculo, deberías preocuparte por tener demasiado poco.**

Muchas veces, a mis clientas les entran ganas de huir despavoridas cuando les digo que deben seguir un programa de pesas si quieren conseguir un cuerpo sano y tonificado. Me contestan rotundamente que no, no les interesa. No les hace mucha gracia desarrollar unos músculos voluminosos, dicen. Creen que todas esas máquinas y pesas variadas que ven en el gimnasio les proporcionarán una apariencia muy poco femenina. La ciencia y mi propia experiencia me permiten afirmar que se equivocan.

Las hormonas sexuales son las que determinan la capacidad del músculo para desarrollarse. La hormona masculina, la testosterona, hace que los músculos de los hombres se pongan voluminosos. Las mujeres también producen testosterona, pero no lo suficiente para producir efectos notables en el tamaño de los músculos. Un grupo de científicos ha sometido a un hombre y una mujer, de la misma edad, a un programa de pesas durante diez semanas: ambos aumentaron su fuerza muscular en la misma proporción, pero el tamaño del músculo del hombre creció dos veces más que el de la mujer. Dicho de otro modo: las pesas permiten a las mujeres desarrollar su fuerza de un modo significativo, sin que conlleve un aumento de tamaño muscular poco agraciado.

Los músculos de las mujeres también se atrofian

Antes, al explicar en qué se notaba la atrofia de los músculos, he puesto el ejemplo de un hombre. Es que, en general, la pérdida de músculos es más visible en los hombres que en las mujeres cuando envejecen: las mujeres tienen menos tejido muscular que los hombres, así que no se notan tanto los músculos de su cuerpo (cuando los tienen... y también cuando tienen menos). Además, suelen engordar más que los hombres, así que se obsesionan por la grasa y no se dan cuenta de que su problema es doble: es verdad que han engordado, que su peso ha aumentado, pero también, y eso no lo saben, han perdido músculo. De modo que, en realidad, han engordado más de lo que suponen, ya que primero la grasa ha ido sustituyendo parte de los músculos, y luego se ha depositado sobre ellos, provocando el aumento de tamaño del cuerpo. Es cuando se sienten gordas y están dispuestas a todo para perder peso.

Deciden comer menos, seguir dietas, toman pastillas para eliminar el hambre... y se olvidan de sus músculos. Pero ellos no les perdonan sus excesos. Con las dietas, lo que consiguen perder es algo de grasa, y sobre todo agua y... músculo. Al perder músculo, su cuerpo quema menos calorías, así que después de la dieta, vuelven a engordar. Y se ponen de nuevo a dieta... Ya te he explicado lo inútil y peligroso de este círculo infernal. En fin: cuando estas mujeres, al llegar a los 40, logran adelgazar, se quedan horrorizadas mirándose al espejo: no ven el cuerpo joven, tonificado, definido, que tenían unos diez o quince años atrás y que esperaban recuperar.

Lo que tienes que hacer es compaginar tu dieta con un programa de pesas. **Perderás peso al tiempo que tonificarás,**

definirás y esculpirás tus músculos bajo la grasa. Es un proceso que requiere tiempo, pero ten paciencia. Al perder, por fin, tus últimos kilos de grasa, tendrás la ilusión de ver en el espejo el cuerpo con el que soñabas.

Un seguro contra la osteoporosis

- **Los ejercicios de pesas aumentan la densidad ósea y permiten prevenir la osteoporosis.**

Cada año, en torno a un 30 % de las personas de más de 65 años sufren caídas, padeciendo el 20 % de ellas graves lesiones, a consecuencia del debilitamiento de los huesos. Las fracturas no son una causa de envejecimiento en sí, pero sí lo son los largos períodos de inactividad que implican. Luchar contra este factor de envejecimiento y reducir los riesgos de fracturas y lesiones debidas a las caídas es posible. Se ha podido comprobar que las personas mayores que hacen ejercicio, y en especial pesas, tienen muchas menos probabilidades de caerse y de sufrir lesiones graves a consecuencia de las caídas. Este descubrimiento es de gran interés para las mujeres, siendo éstas las más afectadas por las fracturas de caderas y otros huesos cuando llegan a la vejez.

Los huesos son el talón de Aquiles de las mujeres cuando entran en la madurez. Los científicos han demostrado que, a partir de los 30, las mujeres empiezan a perder masa ósea y que, a medida que van avanzando en edad, esto incluso puede resultar peligroso. Las zonas más afectadas suelen ser las muñecas, la columna vertebral y la cabeza del fémur. Este fenómeno, que se llama osteoporosis, es la principal causa de lesiones entre las mujeres mayores, lesiones que pueden tener consecuencias fatales. Ya que he decidido arremeter contra las dietas –y no me faltan razones para ello–, quiero añadir que no sólo aceleran la atrofia muscular sino que también incrementan la pérdida de masa ósea en proporciones considerables. En Inglaterra, se llevó a cabo un estudio con mujeres premenopáusicas: les pusieron a dieta durante tres meses, una dieta razonable ya que adelgazaron una media de 3-4 kilos. Sin embargo, en estos tres meses perdieron el 1 % de su masa ósea, una cifra impresionante para mujeres de menos de 50 años (la media es de 0,5 % en un año). No me cansaré de repetirlo: las dietas son peligrosas.

Preservar sus músculos y sus huesos es vital para las mujeres. ¡Que se olviden de las dietas y que hagan pesas! **Los ejercicios de pesas aumentan la densidad ósea y permiten prevenir la osteoporosis**. Un médico amigo mío me comentó el caso de una paciente suya, una mujer joven todavía –41 años–, que ya había empezado a experimentar una pérdida importante de su masa ósea. Después de diez meses practicando pesas, ¡su masa ósea aumentó un 2,5 %! Sin hablar de las personas mayores que, gracias a un programa de pesas adaptado, vuelven a andar sin bastón o a subir escaleras sin necesitar la ayuda de terceros, cosas que creían no poder hacer nunca jamás.

Puede que no tengas problemas de huesos pero considera que, haciendo pesas, estás contratando un seguro contra la osteoporosis. Si ya padeces esta enfermedad, no olvides que todas las hormonas y pastillas de calcio del mundo nunca reemplazarán un programa de pesas.

Te vales por ti misma

Desarrollando tu fuerza, también te sentirás más segura e independiente. Cuántas veces he oído a amigas mías quejarse porque siempre necesitan que alguien les ayude a subir el equipaje al tren o a abrir un tarro de mermelada. Tonterías, quizá. El hecho

Mujer haciendo pesas.

es que, si haces pesas, ganarás fuerza y podrás valerte por ti misma, y eso siempre resulta agradable.

¡El músculo es sexy!

Soy un hombre y lo afirmo: el músculo es sexy. Unos músculos firmes y sanos dan al cuerpo un aspecto tonificado y elegante, realzan las curvas femeninas, estilizan el cuerpo de la mujer. A ti te gusta más tocar un cuerpo firme que un cuerpo blando, a nosotros también. Y también preferimos ver unas curvas redondas y firmes que unas carnes fofas y fláccidas. El programa de pesas que te propongo te permitirá esculpir tu cuerpo sin por ello convertirte en una masa de músculos *espanta-hombres*.

Utilizas sombra de ojos y te pintas los labios para embellecer tu rostro. Has pensado alguna vez acudir al *lifting,* a las inyecciones de colágeno o a los implantes mamarios, para mejorar tu apariencia física. Pero no hay ningún cirujano en el mundo capacitado para inyectarte los músculos tonificados y en forma que te darán un aspecto espléndido.

EL MÚSCULO ES EL ACCESORIO DE BELLEZA MÁS BARATO DEL MUNDO.

El papel del entrenador personal

- **Si nunca has hecho pesas, te recomiendo que inviertas en unas sesiones con un entrenador personal cualificado.**

Desde que he iniciado mi actividad como entrenador, he comprobado cómo las pesas resultan cada vez más populares entre los españoles. Ya no sólo acuden chicos jóvenes y musculosos a las salas de pesas de los gimnasios, como hace un par de años, sino personas de todas las edades, y también mujeres (¡ya era hora!). Entre las personas mayores de 45 años, el número de abonados en los gimnasios se ha duplicado. Se ha producido un cambio en las mentalidades: la gente se ha concienciado de que los ejercicios de resistencia pueden transformar su cuerpo y mejorar su forma física.

Sin embargo, las pesas siguen impresionando a los novatos. Una amiga mía todavía se ríe cuando recuerda su primera visita al gimnasio del que ahora es socia: «Entré en la sala de pesas. Estaba segura de que todo el mundo me estaba observando. Miraba las máquinas y pensaba: "no es posible que yo pueda utilizar esto, voy a romperlo todo". Estaba superimpresionada. Un entrenador del club me enseñó todas las máquinas y las actividades del gimnasio, y me fui diciéndole que volvería al sábado siguiente. No regresé hasta un año más tarde. Llevo dos años en este gimnasio, y estoy encantada».

Es natural que un principiante tenga miedo a hacer el ridículo en la sala de pesas. Hay clientes que miran con recelo las máquinas para tonificar los glúteos o el estómago y me preguntan en qué siglo se utilizaban estos ingenios como máquinas de tortura. Pero tras un par de sesiones el temor inicial desaparece y hasta parece totalmente injustificado. El gimnasio se vuelve familiar, los socios son como vecinos... y nadie tortura a nadie.

Aquí te ofrezco instrucciones detalladas para hacer ejercicios de pesas y algunas sugerencias para diseñar tus propias sesiones de ejercicios. Sin embargo, sigo pensando que solicitar la ayuda personalizada de un especialista un mínimo de tres veces a la semana (sobre todo al principio) es recomendable para cualquiera que empiece con las pesas. Si, después de cerrar este libro, decides hacerte socio de un gimnasio, te aconsejo que pidas la ayuda de un entrenador personal que evalúe tu forma física y guíe tus primeros pasos en el mundo de las pesas.

¿Qué puede hacer un entrenador personal por ti?

- **Si nunca has levantado pesas, es muy difícil que aprendas por ti mismo.**
- **El entrenador personal te ayudará a perfeccionar tu técnica y a maximizar los resultados del ejercicio.**

En la actualidad, los españoles están descubriendo que no es necesario ser un atleta o una estrella de Hollywood para contratar a un entrenador personal. Más que nunca se acude a los servicios de estos profesionales. Prueba de ello: el 70 % de los gimnasios ofrece ahora los servicios de un entrenador personal cuando sólo lo proponía un 20 % hace tres años.

El entrenador personal puede ayudar a cualquier persona que quiera hacer ejercicio:

- Un principiante que desea ponerse en forma, transformar su cuerpo y mejorar sus hábitos alimenticios.
- Una persona que, después de una lesión, necesita recuperar fuerza.
- Una mujer embarazada deseosa de mantener su forma física y que debe adaptar el ejercicio a su estado.
- Una persona mayor que, por su edad, debe realizar ejercicios específicos.

El papel del entrenador personal es ofrecer una ayuda personalizada a cada uno, en función de sus necesidades y de sus objetivos.

Levantar pesas es un ejercicio complejo que requiere una gran técnica. A pesar de las apariencias, no es tan fácil como agarrar una pesa de 2 kilos y empezar a subir y bajar, subir y bajar... Si nunca has levantado pesas, te costará mucho esfuerzo, tal vez en vano, aprender por ti mismo la manera correcta de realizar los ejercicios. El entrenador personal:

- Te indicará la forma correcta de ejecutar el movimiento para prevenir lesiones y para maximizar la efectividad del ejercicio (ya que lo haces, hazlo bien).
- Te enseñará a trabajar el grupo muscular que corresponde al ejercicio.

Supongamos que estás haciendo el «tirón de polea». El objetivo de este ejercicio es que trabajen los músculos de la espalda. Si colocas mal las manos, o no bajas lo suficiente, o tensas demasiado el cuello, no sentirás, o demasiado poco, los músculos de la espalda. El ejercicio pierde efectividad.

Siempre debes recordar que lo que haces no es levantar pesas, sino ejercitar determinados grupos musculares. Si ejecutas un movimiento específico es porque quieres conseguir un efecto especial en una parte concreta del cuerpo. Un buen entrenador te hará sentir la conexión entre el ejercicio que estás haciendo y el músculo que estás trabajando. Sabrá transmitirte cómo tienes que estar colocado y lo que debes sentir. Una buena conexión músculo-ejercicio es fundamental: por más que te esfuerces, puede que la «sentadilla» que estás efectuando no dé ningún resultado, porque ejecutas el movimiento sin conexión alguna con los músculos que deberías estar ejercitando. **Si estás haciendo un ejercicio de hombros, pero lo sientes en los pies..., ¡vas por muy mal camino!** A veces necesito dos o tres sesiones con un cliente para que logre establecer la conexión músculo-ejercicio. Cuando está haciendo sus series de un ejercicio de pectorales, por ejemplo, le pregunto: «¿Dónde lo sientes?, ¿dónde te quema?». A veces me contesta: «En el hombro, en los brazos». Sitio equivocado. Le explico que debe cambiar de posición, bajar más despacio... hasta que me diga: «Ya lo siento». Ha establecido la conexión entre el ejercicio y el músculo. Domina la técnica. Puede trabajar solo.

Al principio, puedes contratar un entrenador para unas 6-10 sesiones, para que te enseñe lo básico hasta que seas capaz de valerte por ti mismo. Luego podrás hacer un seguimiento de una sesión al mes a fin de que mida tus progresos, modifique tu programa y te proponga nuevos ejercicios más desafiantes si lo considera conveniente.

Last but not least, el entrenador puede enseñarte ejercicios diferentes para ejercitar un mismo músculo. No sólo tendrás la posibilidad de elegir los que más te gusten y los que creas más eficaces, sino que te dará la oportunidad de añadir variedad a tu programa de entrenamiento.

RECUERDA: no levantas pesas; ejercitas determinados grupos de músculos.

EL ENTRENADOR PERSONAL

Un buen entrenador es un profesor, un supervisor y un motivador.

- **Sabe de fisiología (funcionamiento del cuerpo), de anatomía (estructura del cuerpo) y de nutrición, además de ejercicio.**
- **Educa al cliente. No sólo le dice lo que debe hacer, sino también *por qué* debe hacerlo, explicándole qué beneficios saca de cada tipo de ejercicio.**
- **Escucha al cliente: ¿Qué quiere? ¿Cuáles son sus necesidades y sus preferencias?**
- **Establece objetivos realistas: el proceso para ponerse en forma lleva tiempo.**
- **Cambia la opinión que tiene el cliente del ejercicio («le cambia el chip»). Procura hacer el ejercicio lo más ameno posible y sobre todo le ayuda a apreciar los pequeños cambios que se producen a lo largo del camino.**
- **Introduce variedad en las tablas de pesas, enseñando al cliente ejercicios distintos y variados.**
- **Motiva al cliente y le empuja. Evita que se quede estancado. *El cliente quiere resultados.***

NUESTRO OBJETIVO ES QUE CONSIGAS RESULTADOS.

Por último quiero decir que una de las grandes satisfacciones que me proporciona mi trabajo es ver cómo mis clientes van transformándose no sólo físicamente, sino también mentalmente.

«Aunque todos sabemos lo que es bueno para nuestro cuerpo, no nos preocupamos mucho por cuidarlo como deberíamos. Necesitamos un tiempo de transición para aprender a tomar nuestro cuerpo en consideración, para llegar a tener una nueva conciencia.

»Este cambio significa mucho más que un cuerpo bonito. Es el camino hacia la paz interior, la armonía entre el cuerpo y la mente. Es como casarse con uno mismo y desde ahí dar amor a todo aquel que se cruce por tu camino. En esta nueva conciencia, sientes equilibrio y armonía. En realidad das sólo lo que llevabas dentro sin saberlo.

»Todo esto y más, lo he conseguido por encontrarme en el momento idóneo con la persona adecuada: Fernando Sartorius. Fernando es la única persona que me ha dicho que el ejercicio también es espiritual.

»Yo quería tener un cuerpo estupendo, y él me enseñó que había que empezar por dentro. Toda mi vida le estaré agradecida por guiarme con paciencia, con muchísimo cariño y con sabiduría hacia esta nueva conciencia. Yo bebía alcohol, fumaba hachís, trasnochaba, y me pegaba unos atracones de comida que me llevaban a hinchazones de vientre con las correspondientes dolencias, kilos de grasa y toxinas. He cambiado. Mi vida ha cambiado. Todavía salgo y me divierto, pero con la nueva conciencia.

»Lo que ha hecho Fernando en mi vida, es imposible pagarlo con dinero.»

Rocío

¿Para qué haces ejercicio, si no es para conseguir resultados?

¿Por qué vas al gimnasio? Porque quieres transformar tu cuerpo, no porque quieres ir al gimnasio.

Al emprender un programa de entrenamiento, lo que pretende la mayoría de la gente es mejorar su forma física y, sobre todo, transformar su cuerpo. Muchos se desaniman porque no ven los cambios que esperan. A pesar de sus esfuerzos, no consiguen el cuerpo tonificado con el que sueñan. Desilusionados, abandonan su programa de entrenamiento. Comprendo muy bien lo que sienten y no les culpo. Si hacen ejercicio es para ver resultados. Si no los consiguen, ¿para qué seguir imponiéndose horas de gimnasio en vez de disfrutar de una buena novela?

Volvamos una vez más al ejemplo del dentista. Imagina que te pone un aparato para enderezar tus dientes y que, después de toda la incomodidad que te supone tener este horrible aparato en la boca durante un año, al quitártelo ves que tus dientes siguen torcidos. La desilusión es tal que te enfadas con el dentista y decides que nunca jamás volverás a ponerte un aparato, dado que «no sirve para nada».

Fuiste al dentista porque querías dientes derechos, no porque querías un aparato. Invertiste en la esperanza de conseguir una sonrisa bonita. Vas al gimnasio porque quieres transformar tu cuerpo, no porque quieres ir al gimnasio. Inviertes en la esperanza de un cuerpo atractivo. Al comprobar que el resultado no está a la altura de lo que esperabas, es lógico, pues, que te desanimes y abandones el gimnasio.

Para lograr resultados, es imprescindible efectuar correctamente los ejercicios de pesas. Las personas que no ven cambios en sus cuerpos no ejecutan sus ejercicios con la técnica adecuada. El papel del entrenador es enseñarte esta técnica. Contratando los servicios de un entrenador personal, te ahorrarás la desilusión que supone ir al gimnasio durante un año sin conseguir resultados visibles. **Si no aprendes la técnica correcta, no verás resultados**.

Consejos generales para levantar pesas

- **Desarrollar su fuerza es un ejercicio sumamente complejo: requiere concentrarse en la postura del cuerpo, el peso que se levanta, las repeticiones, las series... Poca gente entiende la importancia de lo que suele considerar «detalles»... que no lo son.**
- **Si levantas pesas tan ligeras que las últimas repeticiones te parecen fáciles, tus entrenamientos serán una mera pérdida de tiempo.**
- **Como hagas los mismos ejercicios día tras día, no conseguirás tan buenos resultados como esperas.**
- **Las agujetas que sientes cuando cambias de ejercicio son un buen indicio: significan que estás desafiando tu cuerpo.**

Bueno, ¿qué opinas de mis argumentos? He conseguido convencerte, ¿verdad? Por fin te has decidido a seguir mi programa de pesas para ponerte del todo en forma. Quieres unos músculos tonificados y vigorosos, un cuerpo definido y atractivo. Así que ahora me imagino que estarán rondando por tu cabeza las siguientes preguntas: ¿qué tipo de ejercicios tengo que hacer?, ¿cuántas series para cada ejercicio?, ¿cuántas repeticiones en cada serie?, ¿cuánto peso tengo que levantar?

Debo confesar que esta parte de mi programa es la que más quebraderos de cabeza me ha supuesto. En función de la edad de cada uno, de su forma física, de si es mujer u hombre, las respuestas a estas preguntas son distintas, por lo cual proponer un programa generalizado no es nada sencillo. Lo que aquí pretendo es darte unos consejos generales, que luego podrás adaptar en función de tus características personales.

Levantar pesas no es tan simple como parece. Cuando corres, cuando nadas, o cuando haces bicicleta (ejercicios aeróbicos), puedes dejar tu mente vaguear, puedes soñar o pensar en tus cosas (en la lista de la compra, en la próxima reunión con el responsable de marketing, o bien en tus planes de futuro). Cuando levantas pesas, nada de eso. Es otra historia. **Levantar pesas es un arte que requiere concentración e intensidad**. Cuántas veces en las salas del gimnasio veo yo a gente en las máquinas o levantando pesas, totalmente desconectada de lo que está haciendo, hablando entre ejercicio y ejercicio o con la mirada perdida en sus pensamientos. Son estas mismas personas las que al año se quejan porque no ven mejorías en la forma de sus músculos y de su cuerpo.

***«Los cambios en mi cuerpo fueron asombrosos cuando empecé a cuidar mi modo de hacer los ejercicios, controlando mis movimientos, trabajando con intensidad, en fin, concentrándome en lo que hacía.»* (Paco)**

Levantar pesas es mucho más que coger una barra de metal pesada y empezar a levantarla. Por eso, siempre recomiendo a los principiantes que acudan a un entrenador personal cualificado o que pidan asesoramiento. A continuación me propongo facilitarte algunos de estos consejos básicos tan necesarios a la hora de hacer pesas para que sean realmente fructíferas las horas que pasas en el gimnasio. Las palabras clave son:

- Intensidad.
- Técnica.
- Concentración.

En tus sesiones de entrenamiento y a lo largo de estas páginas, se repetirán constantemente dos palabras: «repetición» y «serie». Es esencial que entiendas a qué se refieren antes de empezar con los ejercicios de pesas.

- La repetición es la ejecución de un movimiento completo dentro de un ejercicio. Si levantas y bajas diez veces las pesas, haces diez repeticiones.
- La serie consta de un número determinado de repeticiones. Si ejecutas diez repeticiones, y luego otras diez, has ejecutado dos series de diez repeticiones.

Haz los ejercicios con intensidad

- **Desafía tu cuerpo.**
- **Haz un ejercicio que te exija tanto esfuerzo que no puedas hacer cinco repeticiones adicionales.**

Te asombras a veces cuando lees, en las páginas de sucesos de los periódicos, una noticia como la siguiente: «Ayer, J. P. G., de 38 años, residente en Murcia, sorprendió al vecindario: perseguido por un pastor alemán, consiguió saltar encima del capó de un coche y correr como nunca había corrido hasta ponerse a salvo de la ira del perro rabioso. Según sus familiares, nada dejaba suponer que este padre de familia tranquilo, poco aficionado al deporte, batiera algún día el récord de velocidad».

Empujado por el miedo y el instinto de supervivencia, este hombre que nunca había destacado en competiciones deportivas y distaba mucho de ser un atleta profesional, descubrió con gran sorpresa que tenía habilidades físicas mucho más desarrolladas de lo que creía. ¿Moraleja?

A veces creemos que nos estamos esforzando a lo máximo cuando en realidad podríamos esforzarnos mucho más.

Moraleja bis: no importa el tiempo que estés en el gimnasio, sino la intensidad con la que haces el esfuerzo.

Puedes estar apuntado en el mejor gimnasio del mundo, contratar al mejor entrenador que haya en este país, elaborar el mejor programa de entrenamiento y trabajar con el mejor experto en nutrición; no servirá absolutamente de nada si no te esfuerzas al máximo. Si no haces tus ejercicios de pesas con la suficiente **intensidad**, no harás progresos. No notarás mejorías.

Desarrolla la conexión mente-músculo

Las pesas requieren **concentración**. Tienes que dirigir tu mente exclusivamente hacia los músculos que están trabajando. Al empezar, mis clientes suelen disociar totalmente su cuerpo y su mente. Es como si pusieran el piloto automático: imponen un movimiento repetitivo a sus músculos (ni saben cuáles), pero su mente está desconectada. Creen sin embargo que están haciendo ejercicio, y se desilusionan bastante cuando les digo que da igual el número de series que hagan, se están esforzando en vano. Para que los ejercicios de pesas surtan efectos, es necesario aprender a contraer el músculo que está trabajando, lo cual significa:

- Concentrarse en los movimientos que se efectúan.
- Pensar en el músculo que se está esforzando.

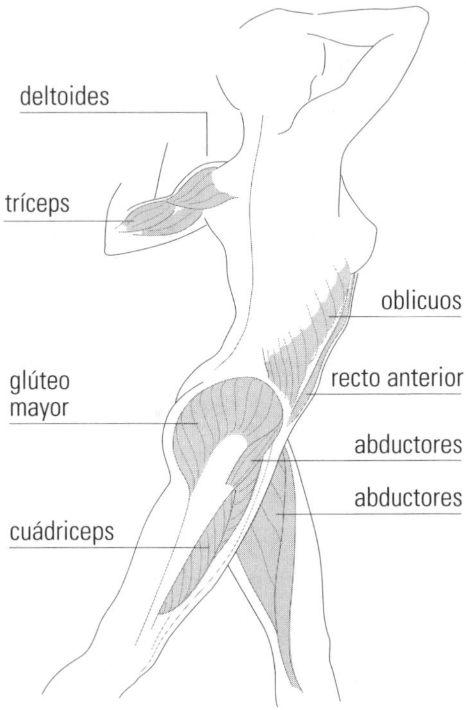

– Contraerlo hasta sentir cómo quema a medida que se repite el mismo movimiento.

Cuanto más contraigas un músculo, más fibras musculares entran en acción y más eficaz es el ejercicio. Centra tus pensamientos en el músculo que estás esforzando y siente sus contracciones. La mente y el cuerpo no son más que uno, y debes involucrar la primera en el esfuerzo del segundo. Tienes que sentir cómo tu músculo se contrae, notar que te quema, visualizar su acción. Entonces sí que tu trabajo será totalmente efectivo. De verdad estarás desarrollando y tonificando tu musculatura.

La satisfacción reside más en el esfuerzo que en el éxito.

Haz movimientos lentos y controlados

Una buena técnica es esencial si quieres ver mejorías notables. Por una parte, te permite lograr resultados óptimos en menos tiempo, y por otra parte, reduce las probabilidades que tengas de lesionarte. ¿Qué es una buena técnica? Antes que nada, una buena técnica pasa por un control firme de tus movimientos. No muevas los pies, no te tambalees, no tenses el cuello. **No subas ni bajes las pesas a toda velocidad: la subida (fase positiva) debe de ser más rápida que la caída de la pesa (fase negativa)**. Recuerda que esta última también tiene su importancia. En la bajada trabaja el músculo, y si bajas la pesa demasiado rápido, desaprovechas el ejercicio.

ASÍ SE HACE UNA REPETICIÓN

- **Baja lentamente: 4 segundos es lo que debes tardar en bajar la pesa.**
- **Para 1 segundo.**
- **Sube en 2 segundos.**

La subida debe ser un poco más rápida y explosiva que la bajada.

No sacrifiques la técnica

- **Importa más la calidad que la cantidad.**
- **Cuando haces un ejercicio con una buena técnica, puedes estar seguro de que trabaja el grupo muscular que quieres ejercitar.**

No intentes levantar pesas con demasiado peso, o hacer un número exagerado de repeticiones, porque compensarías la dificultad utilizando una mala técnica. Primero, elige pesas con un peso adecuado (que no pesen demasiado, ni demasiado poco), o si haces ejercicio con una máquina, ajústala a tu cuerpo con la ayuda de un entrenador. Luego respeta las siguientes normas:

- Mantén tu cuerpo equilibrado, con la espalda recta.
- Si estás de pie, procura que el espacio entre tus pies sea un poco mayor que el ancho de tus hombros.

Si no estás seguro de la técnica que tienes que aplicar para determinado ejercicio, pide consejo.

No pares antes de que te queme el músculo

- **Los mayores progresos se consiguen en las tres últimas repeticiones.**
- **¿Cuántas repeticiones tengo que hacer? ¡¡Yo qué sé!! Ocho, nueve, diez...: hasta que te «queme» el músculo que estás trabajando.**

Haz el ejercicio hasta que de verdad no puedas hacer ni una repetición más. ¿Por qué hay personas que siguen igual después de dos años de gimnasio? **Porque no se desafían lo suficiente**. El trabajo empieza realmente cuando te duele el músculo: cuando sientes que no puedes hacer más de 9 repeticiones, y consigues hacer 12, es cuando tonificas tu músculo. Por eso, para determinar qué peso levantar, te aconsejo que sigas la regla siguiente:

Elige un peso suficiente para que las tres últimas repeticiones se conviertan en un verdadero desafío, sin por ello obligarte a sacrificar la técnica. Cuando veas que eres capaz de hacer más de

12 repeticiones con una buena técnica, sube de peso. Y así poco a poco.

¿Cuánto peso, cuántas repeticiones, cuántas series?

¿Cuánto peso debes levantar?

Me pongo de los nervios cuando en el gimnasio veo a la gente, y en especial a las mujeres, levantar pesas que parecen bastoncillos de algodón. Cuando les pregunto por qué levantan tan poco peso, la respuesta suele ser siempre la misma: «Es que no quiero ponerme grande». Ya estamos otra vez con el miedo a desarrollar demasiado músculo. Un miedo infundado, lo repito. Es como si decidieras jugar al tenis sólo una hora a la semana porque no quieres jugar como Arantxa Sánchez Vicario; o como si trabajaras una media de tres horas al día porque no te interesa ser millonario. Es ridículo: si entrenas una hora semanal en el campo de tenis, está claro que nunca alcanzarás el nivel de Arantxa, pero tampoco podrás aspirar siquiera a jugar correctamente. De la misma manera, si levantas demasiado poco peso en tus sesiones de pesas, no temas convertirte en un campeón de culturismo, pero sobre todo sé consciente de que no tonificarás tus músculos y que tu cuerpo seguirá blando y fofo.

Lo siento, si quieres que no te cuelguen las carnes, si quieres un cuerpo firme y definido, no te queda más remedio: tienes que levantar algo más que plumas.

Lo correcto es un peso que no te permita hacer más de 12 repeticiones. Si puedes hacer más de 15 repeticiones, significa que el peso es demasiado ligero.

Sin embargo, te recomiendo empezar suave. En la primera serie, te resultará más fácil fijarte en la técnica si levantas pesos más ligeros. Luego, aumenta el peso. Es así como yo suelo entrenar. Empiezo con muy poco peso. Me concentro en la técnica y hago veinte repeticiones. En la segunda serie, subo el peso y me desafío más.

¿Cuántas repeticiones?

En realidad, no importa la cantidad de repeticiones que hagas, teniendo en cuenta, como ya he explicado, que los mayores progresos se hacen en las tres últimas. Por eso, en las sesiones de entrenamiento, pido a mis clientes que me digan cuándo empiezan a sentir el músculo que estamos trabajando. Cuando me dicen: «ya, ahora lo siento», les obligo a hacer cinco repeticiones más. Entonces es cuando el ejercicio es realmente efectivo y cuando tonifican sus músculos, mejorando su resistencia muscular (no confundas la resistencia muscular con la resistencia cardiovascular, o sea, la capacidad de aguante de los pulmones y corazón, de la que hablamos en el capítulo anterior dedicado al ejercicio aeróbico).

Las pesas no son una ciencia exacta y, repito, el valor verdadero de un ejercicio reside en las últimas repeticiones. Sin embargo, a título indicativo, si tu objetivo es mejorar la salud y tonificar tus músculos, te recomiendo entre 8 y 15 repeticiones. Pero siempre recuerda que la calidad importa más que la cantidad. Si paras en 10 repeticiones cuando podías haber hecho 15, o en 15 cuando podías haber hecho 20, el resultado es el mismo: en ambos casos, te estás engañando a ti mismo. No trabajas con la suficiente intensidad. El ejercicio no es efectivo. Por lo tanto, siempre debes usar un peso suficiente para que las tres últimas repeticiones se conviertan en un real desafío.

A veces hago 8 repeticiones con más peso, otras veces hago 20 con menos peso. La variedad permite romper la monotonía y estimula el desarrollo de la fuerza. Lo importante es que trabaje el músculo ejercitado. ¿Cuándo trabaja...? ¡En las tres últimas repeticiones! No creo que deba insistir más. ¿O sí?

No importa la cantidad de repeticiones que hagas: el valor de un ejercicio de pesas reside en las tres últimas repeticiones, que deben ser un verdadero desafío para tu cuerpo. Una sesión intensa vale más que una sesión larga.

¿Cuántas series?

Aquí también importa más la calidad que la cantidad: debes hacer tantas series como sea necesario para que trabaje verdaderamente el músculo ejercitado.

Suelo recomendar un mínimo de 2 series por ejercicio. En la primera, te aconsejo usar poco peso y hacer entre 15 y 20 repeticiones, con una intensidad de esfuerzo de un 70%. En la segunda, levanta más peso y haz 12 o 15 repeticiones. Las tres últimas deben costarte mucho y tienes que notar cómo te «quema» el músculo que estás trabajando.

Si tienes un nivel más avanzado, haz 3 o 4 series por ejercicio.

RESUMEN

Tipo de rutina: ejercita tus principales grupos de músculos para desarrollar una fuerza equilibrada en toda tu musculatura.

Frecuencia: tres veces a la semana (días no consecutivos).

Series: empieza tu programa de pesas con una serie de cada ejercicio. A medida que vayas progresando, podrás añadir una segunda o una tercera serie.

Peso: un peso que puedas levantar 8-12 veces.

Repeticiones: 8-12 repeticiones en cada serie de ejercicio es lo recomendable. Sin embargo, de vez en cuando, puedes hacer menos repeticiones con más peso y más repeticiones con menos peso. La variedad estimula el desarrollo de la fuerza.

Intensidad del esfuerzo: conseguirás los mejores resultados con una intensidad de esfuerzo lo suficientemente alta para cansar el músculo ejercitado. Puedes aumentar el esfuerzo haciendo un mayor número de series de un ejercicio determinado o haciendo más ejercicios para ejercitar un músculo en concreto.

Ejercicios

Como ya he explicado, resulta complicado enseñar ejercicios de pesas generalizados por todos los parámetros que deben tenerse en cuenta (edad, peso, estado de forma física, objetivos y necesidades individuales). Existe tal variedad de ejercicios de pesas que si quisiera presentarlos todos, este libro tendría más páginas que el diccionario de la Real Academia.

Partiendo del principio de que gran parte de mis lectores estarán haciendo sus pinitos en el mundo del *fitness*, he decidido enseñar aquí **ejercicios básicos** para que trabajen los principales grupos musculares del cuerpo. Son ejercicios adecuados para empezar con un programa de entrenamiento y ponerte en forma. Pero a medida que vayas avanzando, debes hacer ejercicios nuevos. Cambiar de rutina es fundamental: si tu cuerpo se acostumbra a determinado ejercicio, dejará de trabajar lo suficiente. Nunca olvides que debes desafiar constantemente tus músculos si quieres conseguir cambios visibles en tu apariencia física.

Los siguientes ejercicios son ejercicios básicos para una persona sin problemas de salud específicos. Las personas mayores, las mujeres embarazadas o las personas que hayan padecido lesiones deberían consultar a un experto para que les aconsejase un programa adaptado a su situación particular. De todas formas, repito: si nunca has levantado pesas, solicita la ayuda de un entrenador.

¿Por qué crees que las clases de aeróbic están llenas de gente obesa? Porque empiezan a bajar y subir los brazos y las piernas cientos de veces, pero no levantan peso. Es insuficiente para cambiar la forma del cuerpo. Confía en mí, no tengas miedo a desarrollar unos músculos voluminosos.

LEVANTA PESAS COMO DIOS MANDA.

Es la única manera de tonificar y moldear tu cuerpo.

Abdominales

Poder presumir de un estómago plano y duro paseando por la playa en verano es una de nuestras principales obsesiones estéticas. Los medios de comunicación crean en nosotros esta necesidad acomplejándonos con una profusión de cuerpos maravillosos en las portadas de las revistas y los carteles publicitarios, a la vez que nos facilitan periódicamente una asombrosa cantidad de información más o menos (más bien menos) exacta para explicarnos cómo quitarnos la grasa del cuerpo y conseguir abdominales definidos y tonificados. Casi a diario, los industriales, siempre en la brecha, sacan al mercado una nueva máquina para abdomi-

¿Cansado de hacer cientos de abdominales sin resultado?

- **Los abdominales son el eje central del cuerpo.**
- **Los abdominales participan en todos tus movimientos.**
- **Cada vez que te levantas, te doblas, tuerces el torso o desplazas algo, solicitas los abdominales.**
- **Una buena postura depende de abdominales fuertes. Son esenciales para prevenir dolencias lumbares y representan una zona clave para el bienestar físico.**
- **Los abdominales son un elemento esencial de la belleza física. Todos queremos un estómago plano y duro.**
- **Cuando ves a alguien en la playa con abdominales tonificados, interpretas que está en forma. Cuando ves a alguien con tripa, interpretas que no está en forma.**

nales, pregonando que la última es todavía más eficaz que la anterior: «Con la nueva versión de la máquina para abdominales de *BodyBeauty*, en un mes tendrás el estómago de los *Vigilantes de la Playa*. Compra *BodyBeauty*».

Yo no te ofrezco un nuevo método fantástico que te permitirá conseguir «tabletas de chocolate» con sólo 8 minutos de trabajo al día. No quiero ser uno más que incremente tu frustración. Sólo quiero contarte toda la verdad sobre la manera de desarrollar y definir tus músculos abdominales.

No existen atajos para conseguir abdominales (piernas, culo...) duros. La única manera de tonificar los abdominales es combinar la práctica asidua de determinados ejercicios de resistencia con una sana disciplina alimentaria y el ejercicio aeróbico.

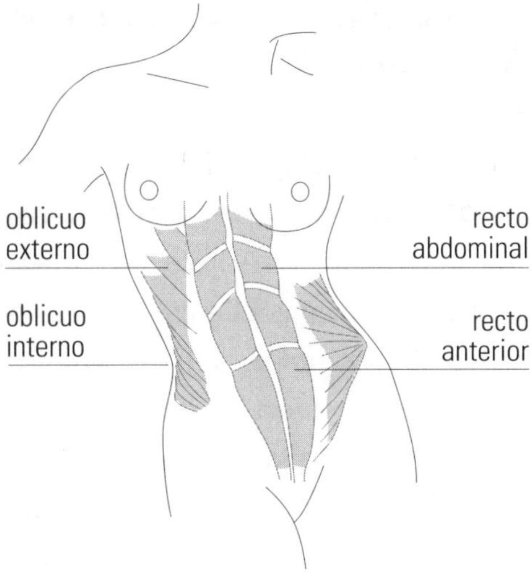

Para conseguir un cuerpo realmente definido, no sólo se necesitan músculos en forma sino también un bajo porcentaje de grasa en el cuerpo, lo cual explica que definir partes concretas del cuerpo como las caderas, los tríceps o los abdominales sea realmente difícil porque son zonas que llevan mucha grasa. Para ver sus abdominales inferiores, las mujeres necesitan llevar un porcentaje de grasa en el cuerpo inferior a un 14 %, y los hombres inferior al 8-9 %. Lograr tales porcentajes es un verdadero reto dado que la media de las mujeres tiene porcentajes de grasa superiores a un 30 % y los hombres a un 22 % (véase el capítulo «Cómo se mide la grasa del cuerpo»).

Después de todo lo que te he contado, espero que ahora seas consciente de que es imposible quitarte la grasa en partes concretas del cuerpo, a no ser que acudas a la cirugía estética, y de que la única manera realista de reducir tus niveles de grasa consiste en hacer ejercicio físico y adoptar una alimentación equilibrada. Ésta es la razón por la que, si quieres definir tus abdominales (lo mismo ocurre con piernas, brazos, culo...), es imprescindible combinar los ejercicios de pesas con el ejercicio aeróbico y una alimentación sana.

«¿Por qué sigo con la misma tripa a pesar de los ejercicios de abdominales?»

Sigues con la misma tripa porque tienes un porcentaje de grasa en el cuerpo demasiado alto. Los ejercicios de abdominales parecen ser el «Ábrete Sésamo» del buen tipo. En nuestro primer encuentro, mis clientes masculinos siempre me piden ejercicios de abdominales, y en el gimnasio, todos los días veo a hombres haciendo series de abdominales sin parar hasta el agotamiento. Luego, a la salida, engullen platos enormes como si fueran a morir mañana, y se sorprenden porque siguen teniendo tripa. ¡¿Cómo van a perderla si lo que hacen es llenar sus depósitos de grasa?! **Los ejercicios de abdominales están sobrevalorados**. No son la solución milagrosa para conseguir una «tableta de chocolate», como decimos los españoles, o un «*six-pack*», como dicen los norteamericanos.

Los hombres suelen acumular la grasa en la tripa, y creen que al ejercitarla con cientos y cientos de abdominales lograrán eliminarla y transformar su figura. Están equivocados. Si sus niveles de grasa en el cuerpo son demasiado altos, acabarán con abdominales duros... pero cubiertos de una capa de grasa. **Sólo se te marcarán los abdominales si tienes un bajo porcentaje de grasa en el cuerpo. Para conseguirlo debes hacer algo más que ejercicios de abdominales**.

Acude a un centro especializado con objeto de que midan tus niveles de grasa y toma las medidas necesarias para reducirlos. Ya sabes cómo: haciendo pesas (pero no sólo ejercicios de abdominales) y ejercicio aeróbico, y por supuesto olvidándote de la comida basura.

Evander Holyfield, ex campeón del mundo de boxeo de los pesos pesados, tiene uno de los cuerpos más esculturales del mundo, con un estómago duro como una tabla de ébano. En una entrevista le preguntaron: «¿Cuántos abdominales diarios hace usted?», y su respuesta fue: «Treinta a la semana». Te puedes imaginar el asombro de los periodistas, los cuales estaban convencidos de que iba a contestar algo como: «Doscientos o trescientos diarios». Evander Holyfield, por todo el ejercicio que hace, lleva un porcentaje de grasa muy bajo en el cuerpo, y ésta es la razón por la que tiene abdominales definidos. No necesita ejercitarlos a ultranza para presumir de un «*six-pack*».

No pretendo compararme con Evander Holyfield, pero creo poder afirmar sin falsa modestia que tengo una «tableta de chocolate». Tengo 40 años y no tengo tripa. ¿Por qué? Porque, tres veces a la semana, hago sesiones de pesas en las que ejercito todos los músculos, incluidos los abdominales. También hago ejercicio aeróbico y sigo pautas de alimentación sanas. Mi nivel de grasa en el cuerpo oscila entre un 7 y un 9 %. Por eso se me marcan los abdominales.

¿Hacer abdominales (o ejercicios de piernas, brazos...) me hará perder grasa en la cintura y el estómago (piernas, brazos...)?

NO. Hacer ejercicios de abdominales (piernas, brazos...) no te hará perder grasa en la cintura y el estómago (piernas, brazos...).

Ya lo he explicado ampliamente en la primera parte de este libro, pero vuelvo a repetirlo: **no se puede quitar la grasa en partes determinadas del cuerpo**. La práctica regular del ejercicio estimula la eliminación de la grasa por todo el cuerpo, no en zonas concretas. Dicho de otro modo: la parte del cuerpo que más se ejercita no lleva menos grasa que el resto del cuerpo. Así es como, al estudiar la morfología y la fisiología de los jugadores de tenis, los expertos han demostrado que el brazo dominante (el brazo con el que llevan la raqueta) es más voluminoso y más musculoso que el brazo inactivo, pero que no hay diferencias en los niveles de grasa.

Ocurre lo mismo si sólo te dedicas a ejercitar los músculos abdominales. La zona del estómago se volverá más fuerte y firme, pero no reducirás la cantidad de grasa en esta parte concreta del cuerpo. Por dentro tus músculos se tonificarán, pero no lo notarás por fuera: seguirán disimulados bajo una o varias capas de grasa. Sólo cuando pierdas grasa podrás ver los músculos duros y definidos de tu estómago.

Para que baje tu porcentaje de grasa, existe una única solución: debes quemar más calorías de las que ingieres. ¿Cómo? Haciendo ejercicio aeróbico y comiendo sano. No sólo lo notarás en los abdominales, sino en todo el cuerpo.

¿Si dejo de hacer ejercicio, mis músculos se convertirán en grasa?

NO. Si dejas de hacer ejercicio, tus músculos no se convertirán en grasa.

Se trata de una idea preconcebida que me hace mucha gracia. Ante esta pregunta suelo contestar: «Si dejas de trabajar, ¿le pasa lo mismo a tu cuenta corriente que a tu musculatura?». No, el músculo no se convierte en grasa si dejas de hacer ejercicio. Es imposible: el músculo y la grasa son estructuras moleculares diferentes. Ahora bien, es verdad que si abandonas la práctica regular del ejercicio, tus músculos se atrofian y van desapareciendo paulatinamente, lo cual significa, como ya he explicado, que disminuye la capacidad de tu motor. Quemas menos calorías y, en consecuencia, almacenas más grasa.

En otras palabras, tus músculos se encogen a la vez que ganas más grasa. Una cosa **sustituye** a la otra, por eso **parece que** el músculo se convierte en grasa.

Mi entrenamiento de abdominales es muy duro y no obtengo los resultados que quiero

Como ocurre en muchas facetas de la vida, más vale calidad que cantidad. La gente suele hacer cientos de abdominales para nada. Entre las diferentes variables de un buen programa de entrenamiento, ya hemos visto que la cantidad es lo de menor importancia. Lo fundamental es la calidad. Al privilegiar la cantidad en detrimento de la calidad, no se obtienen los resultados esperados.

CALIDAD

1. **Intensidad en los ejercicios.**
2. **Técnica correcta.**

Si no te aplicas en realizar el ejercicio de forma correcta, por muchos abdominales que hagas, no lograrás un estómago plano y duro. Para conseguirlo, tienes que:

- Estar concentrado en cada repetición.
- Sentir cómo te quema el músculo a cada contracción.

A diferencia de los movimientos que realizas para trabajar las piernas y los brazos, los movimientos de los ejercicios de abdominales son **cortos y extremadamente precisos**. Por eso es sumamente importante que sientas cada repetición y que te concentres en los músculos que trabajan cuando los haces. **Hacer bien el ejercicio significa no hacerlo «con piloto automático», sin pensar**.

Culo y piernas

¿Cansada de que llegue el verano y tengas que cubrir tu parte trasera con un pareo para bajar a la playa?

- **Los glúteos son los tres músculos que forman las nalgas.**
- **El glúteo «máximus» es el músculo más grande del cuerpo.**
- **Al ser un músculo grande, el glúteo consume mucha energía (recuerda que el músculo es el motor del cuerpo, y cuánto más desarrollado está, más energía necesita, es decir, más grasa quema).**
- **Un buen culo no sólo sirve para atraer las miradas de los demás cuando te pones los vaqueros. Los glúteos, junto con la espalda y los abdominales, te ayudan a mantener una buena postura.**
- **Unos glúteos y unas piernas tonificadas te dan potencia en el salto y velocidad en el *sprint*, atributos esenciales si eres un atleta profesional. Fíjate en los traseros duros y esculpidos de los *sprinters* de cien u ochocientos metros.**
- **Los culos caídos y celulíticos no se deben tanto a la presencia de grasa como a la ausencia de músculo.**

Si, por su lado, los hombres se obsesionan con los ejercicios de abdominales, las mujeres concentran gran parte de sus esfuerzos en el culo y las piernas. Acumulan la grasa en la parte inferior del cuerpo y creen que superejercitando o masajeando esta zona concreta conseguirán reducir su volumen. En vez de gastarse el dinero en cremas anticelulíticas, que se fijen en las piernas y el culo de los futbolistas o tenistas profesionales. El músculo es el que les proporciona ese aspecto duro y firme. Sin unas piernas y unos glúteos tonificados, no podrían correr y saltar como lo hacen. Y tampoco tendrían esas piernas y ese culo si no corrieran ni saltaran, y si no entrenaran con ejercicio aeróbico y pesas. Su ni-

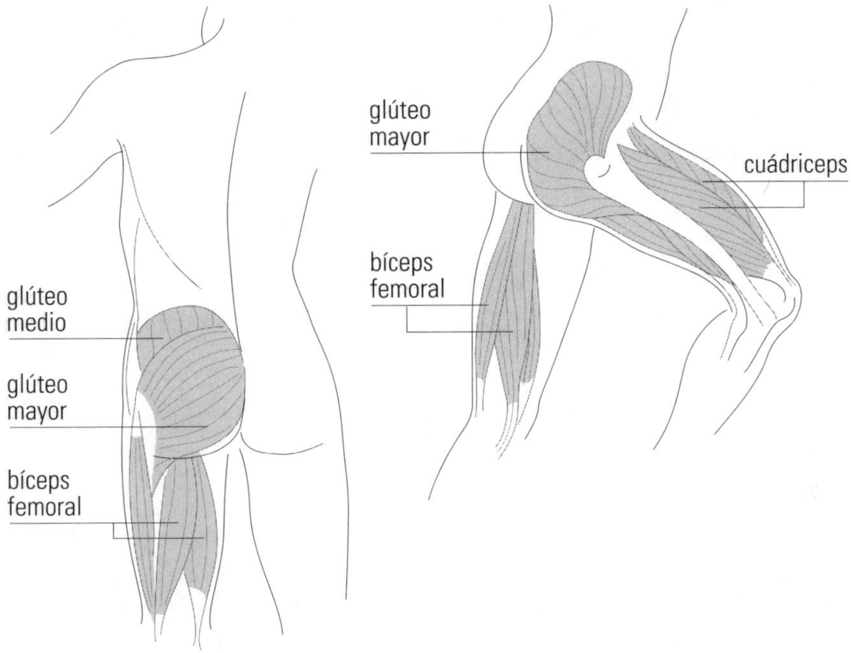

vel de grasa en el cuerpo es muy bajo y sus músculos están en muy buena forma. Sus piernas y culos duros y tonificados no son el resultado de dietas, pastillas y cremas milagrosas, sino de horas de entrenamiento.

Lo repito: primero tienes que rebajar el porcentaje general de grasa en tu cuerpo. Luego, podrás esculpirte el culo y las piernas que deseas, haciendo los ejercicios adecuados con la técnica correcta.

¿De qué depende que un culo esté levantado, redondo y en su sitio? Del músculo. Tonificando los glúteos con los ejercicios adecuados, conseguirás dar a tu culo un aspecto duro y firme.

Espalda

Hoy en día consideramos elegante y estético un cuerpo tonificado, definido, con curvas (no grande) y simétrico. Una de las ca-

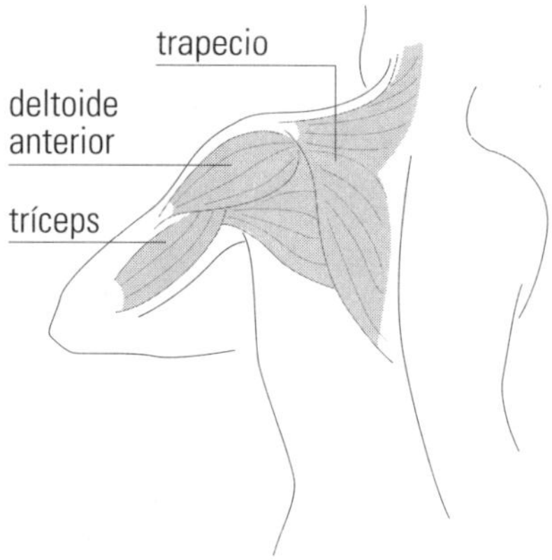

- **¿Te gusta tu postura? ¿Te sientas derecho? ¿Te duele la espalda?**
- **Una espalda tonificada es estética.**
- **Una espalda tonificada es esencial para mantener una postura elegante.**
- **Una espalda tonificada evita los dolores en esta parte del cuerpo.**

racterísticas de este tipo de cuerpo reside en hombros anchos, una espalda en forma de uve (v) y una cintura estrecha. Los nadadores y las bailarinas son un magnífico ejemplo: sus espaldas perfectas parecen esculpidas en mármol.

Para conseguir este *look*, necesitas un entrenamiento completo de todos los músculos de la parte superior del cuerpo. No te bastará con trabajar exclusivamente los músculos que sólo puedes ver en el espejo (los pectorales o los brazos). Ejercitar los músculos de la espalda de forma intensa y regular debe ser una prioridad. Desgraciadamente, muchos hombres sólo trabajan los pectorales y los brazos, por lo cual provocan en su cuerpo un desequilibrio estructural y estético.

Si ejercitas de forma correcta el grupo muscular de la espalda, acercarás tu cuerpo a los cánones de belleza actuales y mejorarás tu postura, al tiempo que evitarás los dolores de espalda y reducirás los riesgos de lesiones.

Pecho y hombros

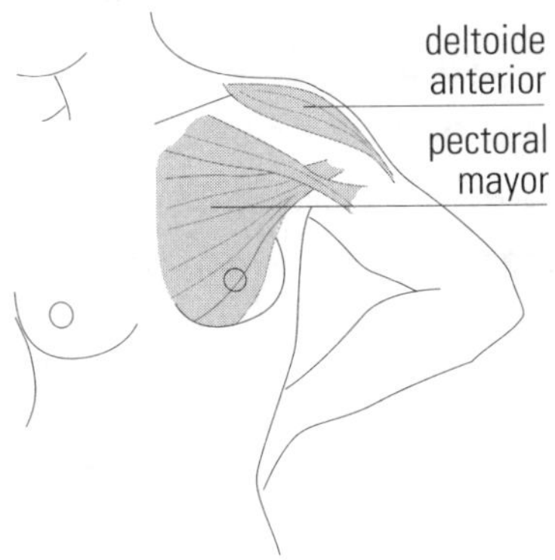

Los hombres

¿Qué tienen en común Tarzán, Brad Pitt y los nadadores profesionales? Unos pectorales desarrollados.

A todos los hombres les gustaría tener unos pectorales desarrollados. Lo asocian con la fuerza y la virilidad, y, además, aunque para algunos no sea más que un detalle, para otros no carece de importancia, las camisas y las chaquetas caen mejor en un busto masculino fuerte y definido. Hay hombres con pectorales poco desarrollados que afirman que no les importa: creo que en realidad se mueren de envidia. ¿Quién ignora el poder de atracción que tienen unos pectorales desarrollados a la hora de captar las miradas admirativas de las mujeres? Pregúntaselo a Brad Pitt.

Todos los hombres pueden tener los pectorales de Brad Pitt: haciendo ejercicios de pectorales con la técnica adecuada.

Las mujeres

El tamaño del pecho es una cuestión genética. Sin embargo los ejercicios de pectorales pueden ayudarte a aumentarlo levemente y a moldear tu pecho desarrollando el músculo situado debajo. Conseguirás un escote definido y atractivo.

Si tienes miedo a que disminuya el tamaño de tu pecho al hacer pesas, no te preocupes: es imposible, a no ser que lleves un gran exceso de grasa en el cuerpo. Los pechos están compuestos de tejido adiposo: son depósitos de grasa. Por esta razón, muchas mujeres muy gordas tienen pechos grandes: acumulan grasa también en esta parte del cuerpo. Cuando adelgazan y regresan a su peso normal, es lógico que pierdan una o dos tallas de sujetador: en realidad no disminuye el tamaño natural de su pecho, sino que desaparece el exceso de grasa que ahí estaba depositado.

Brazos

- **Los brazos sirven para empujar, levantar, tirar.**
- **Los músculos de los brazos son los bíceps (parte de delante) y los tríceps (parte de atrás).**
- **Con unos brazos definidos no tienes que preocuparte cuando te pones un vestido sin mangas o una camiseta.**
- **Los brazos tonificados son bonitos.**

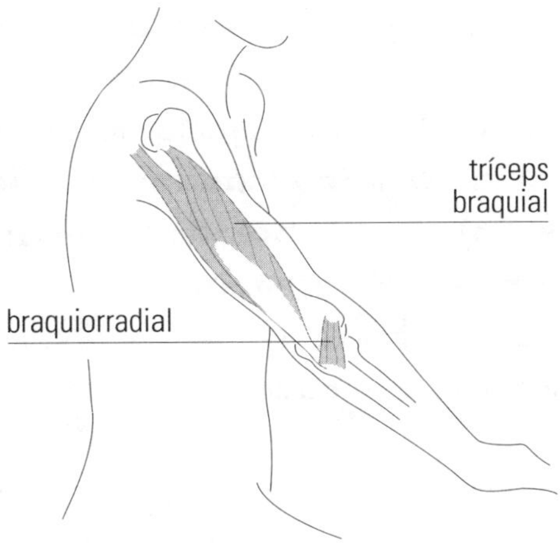

Por razones genéticas, las mujeres son más propensas todavía que los hombres a acumular grasa en la parte de atrás del brazo, por lo cual, si se descuidan, sus brazos tienden a estar fláccidos. Pero todos, hombres y mujeres, utilizamos poco los músculos de los brazos en la vida normal. Los tríceps y los bíceps son unos de los músculos que más abandonamos y es frecuente que la grasa se apodere del espacio que debería corresponderles.

Piensa en la última vez que saludaste a un amigo en la acera de enfrente: al dejar tu mano de moverse, ¿siguió la parte de atrás de tu brazo saludando por sí sola? Si la respuesta es afirmativa, significa que los músculos de tus brazos están atrofiados y que la grasa los ha sustituido. Necesitas hacer ejercicios de resistencia.

Con estos ejercicios sustituirás la grasa por el músculo, reduciendo el volumen de tus brazos y proporcionándoles un aspecto más definido y elegante.

Recuerda...

Para conseguir un cuerpo definido y atractivo, tienes que tonificar tus músculos, esto es, desarrollar su fuerza y su resistencia. Técnicamente, digamos que la fuerza es la capacidad del músculo para resistir a una carga, y la resistencia es su capacidad de repetir el esfuerzo varias veces durante cierto período de tiempo. **Lo que importa no sólo es aguantar una carga determinada (fuerza) sino mantener el esfuerzo durante un tiempo determinado (resistencia).**

Para desarrollar la fuerza y la resistencia de tus músculos, debes seguir estos principios básicos:

- Primero, debes imponer a tu músculo una carga superior a lo habitual; tienes que obligarle a contraerse contra una carga máxima o casi máxima para desarrollar fuerza.
- Debes repetir el movimiento entre 8 y 12 veces.
- Como en el caso de los ejercicios aeróbicos, tienes que determinar la intensidad de tu entrenamiento. La intensidad depende de la velocidad del movimiento y de cuánto pesa la carga utilizada.
- Tres sesiones de pesas a la semana permiten conseguir resultados significativos para la mayoría de la gente.
- Cada sesión debe durar entre 30 y 45 minutos.

Si sigues todos estos consejos, créeme, tú mismo te maravillarás del cuerpo que te estás construyendo. Ahora bien, en función de tu disposición genética, de tu nivel inicial de forma física y del tipo de ejercicios que practicas, tardarás más o menos tiempo en ver resultados notables. Recuerda que la grasa tapa los músculos, así que cuanta más grasa tengas, más tiempo necesitarás para conseguir mejorías visibles. Ten paciencia. Aunque no lo veas, tus músculos se están tonificando y desarrollando, y mientras vayas quemando grasa tu cuerpo irá definiéndose.

Las pesas: mitos y realidad

Falso: Los ejercicios aeróbicos son mejores para dar forma y tonificar tu cuerpo.
Verdad: Para transformar y dar forma a tu cuerpo, tienes que entrenar con pesas.

Falso: Si las mujeres hacen pesas, sus músculos ganan volumen.
Verdad: Los ejercicios de resistencia ayudan a crear cuerpos duros y tonificados a la vez que se pierde volumen (tamaño).

Falso: Las pesas son sólo para la gente joven.
Verdad: Las pesas son para personas de todas las edades.

Falso: El músculo se convierte en grasa cuando dejas de hacer ejercicio.
Verdad: Es fisiológicamente imposible: el músculo y la grasa son estructuras moleculares totalmente diferentes.

Aprende bien los ejercicios

ABDOMINALES

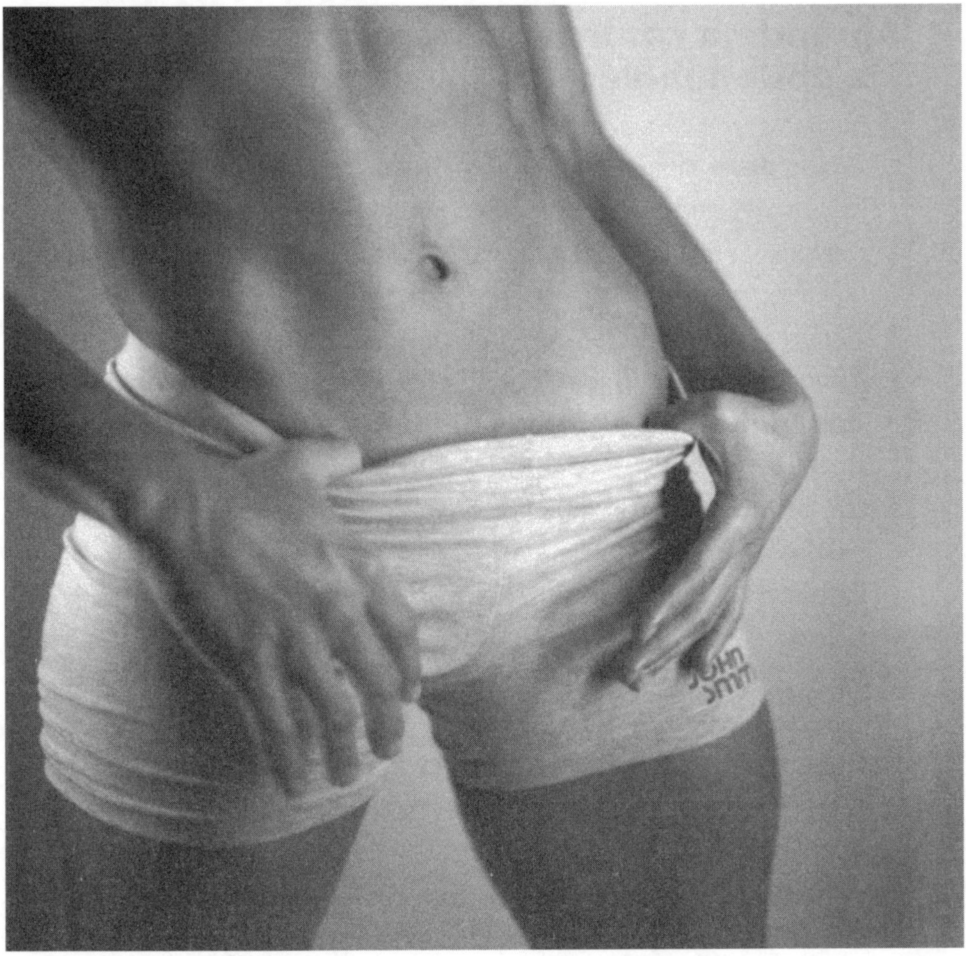

Una de las razones por las que muchos no consiguen tonificar sus abdominales es porque no ejecutan los ejercicios con la técnica correcta. Se tumban en el suelo, ponen el «piloto automático» y empiezan a subir y bajar, subir y bajar, como si tuvieran un muelle en la espalda.

Si aprendes la técnica correcta, puedo asegurarte que notarás resultados. Tienes que hacer 15-20 repeticiones y sentir que los músculos te queman en las cinco últimas. Si no lo sientes, está claro que no estás haciendo bien el ejercicio.

Aprende a contraer o apretar los abdominales

- **Acuérdate de la conexión mente-músculo**. Desarróllala concentrándote en el movimiento para poner en tensión un mayor número de fibras musculares: el ejercicio resultará más efectivo.
- Tienes que sentir la tensión en tus músculos en cada repetición.
- Visualiza el trabajo los abdominales: **imagina que tus abdominales son esponjas mojadas y que en cada repetición escurres toda el agua**.
- Los movimientos son muy cortos, pero han de ser controlados, intensos y precisos.
- **Recuerda que lo importante es la calidad, no la cantidad.**

Consejos generales para todos los ejercicios de abdominales

Existen dos tipos de movimientos: los primeros trabajan los abdominales superiores (cuando levantas el torso); los segundos trabajan los abdominales inferiores (cuando subes las piernas). En ambos casos, acuérdate de los siguientes consejos:

- Antes de empezar, relaja las caderas y empuja fuerte la parte inferior de la espalda hacia el suelo.
- En vez de empujar los abdominales hacia fuera, contráelos hacia dentro, empujando el ombligo hacia la columna vertebral.
- Controla la respiración.
- Inspira aire antes de realizar el movimiento y espira despacio a medida que vas contrayendo los abdominales hasta llegar a la posición alta.
- En la posición alta, aguanta dos segundos antes de emprender la bajada para volver a la posición inicial.
- A medida que vas bajando, sigue contrayendo los abdominales, no los relajes y no te dejes caer: controla el movimiento.

Encogimientos (parte superior de los abdominales)

Es muy efectivo y es la base de todos los demás ejercicios. Existen múltiples variaciones y niveles de dificultad. ¡Apréndelo bien!

Contracción abdominal (fotos p. 214)

Posición inicial:

Boca arriba, con las rodillas flexionadas y los pies en el suelo. Las manos detrás de la cabeza, sin entrelazarlas, y los codos hacia los lados.

Movimiento:

A la vez que contraes los abdominales (recuerda: tienes que hundir la parte inferior de la espalda en el suelo), separa ligeramente los

hombros del suelo, encorvando levemente la columna vertebral en forma de C. Antes de volver a bajar, aguanta dos o tres segundos.

Mis consejos:

- No te dejes caer en la bajada. Sigue manteniendo tensión en los abdominales.
- No descanses al terminar el movimiento. Haz 12 repeticiones seguidas.
- Asegúrate de que separas los hombros del suelo: no muevas sólo el cuello y la cabeza. Para bajar y subir en bloque, imagina que estás sujetando una manzana entre la barbilla y el pecho.
- Mantén la parte inferior de la espalda pegada al suelo.
- El movimiento es corto pero ha de ser intenso.
- Durante la subida espira el aire por la boca y durante la bajada inspira por la nariz. (He comprobado que mucha gente lo hace al revés. Es un error que debes evitar.)

Variantes:

Puedes hacer el mismo ejercicio con las piernas estiradas y las rodillas flexionadas. También puedes hacerlo tumbado en una banca y subiendo hasta arriba. Los consejos son los mismos (foto superior p. 216).

Encogimientos «al inverso» (parte inferior de los abdominales) (foto inferior p. 216)

Posición inicial:

Túmbate de espaldas, con la cabeza levantada (la barbilla hacia el pecho). Levanta las piernas y flexiona las rodillas de tal manera que

los muslos estén perpendiculares al cuerpo. Las pantorrillas y los pies han de ser paralelos al suelo. Las manos de cada lado del cuerpo.

Movimiento:

Contrae los abdominales inferiores para levantar las caderas del suelo. Dirige las caderas hacia el tórax, arqueando las rodillas hacia la frente. Baja las caderas despacio controlando el movimiento y manteniendo la tensión en los abdominales. Cuando tus caderas toquen suavemente el suelo, vuelve a acercar las rodillas a la frente. Repite el movimiento.

Mis consejos:

- Asegúrate de que los abdominales inferiores trabajan correctamente. Controla el movimiento: ve despacio y no te balancees.
- No dejes tus caderas descansar en el suelo al final del movimiento.
- Mantén una presión constante en los abdominales.
- No utilices las manos para impulsar el movimiento.

Variantes:

También puedes hacer este ejercicio tumbado en una banca elevando las piernas hacia arriba.

Basculación abdominal (parte inferior de los abdominales) (foto p. 218)

Posición inicial:

Boca arriba, con las piernas extendidas hacia el techo sin bloquear las rodillas. Apoya los brazos a cada lado del cuerpo, palmas abajo, y acerca la barbilla al pecho.

Movimiento:

Contrae los abdominales inferiores para despegar las caderas del suelo, desplazando el peso de tu cuerpo hacia los hombros. Aguanta dos segundos antes de bajar despacio y con un movimiento controlado hasta que tus caderas toquen levemente el suelo. Repite el movimiento.

Mis consejos:

- Asegúrate de que son los abdominales los que trabajan: no impulses el movimiento de las caderas con las piernas.
- No utilices las manos para impulsar el movimiento.
- Concéntrate en el trabajo de los abdominales.

CULOS LEVANTADOS
Y PIERNAS ESTILIZADAS

La sentadilla: el ejercicio rey de la parte inferior del cuerpo

La sentadilla ejercita los principales músculos de la parte inferior del cuerpo: cuádriceps, abductores, glúteos... Es uno de los ejercicios más efectivos y completos que existen. De ahí la apelación de *movimiento rey de la parte inferior del cuerpo*. No es fácil de ejecutar, pero **es tan eficiente que si lo aprendieras bien, casi sería el único movimiento que necesitarías ejecutar para conseguir unas piernas y glúteos tonificados**.

Existe un sinfín de variaciones a la hora de realizar la sentadilla. Te recomiendo empezar con ejercicios sencillos y con poco peso, hasta que vayas cogiendo confianza y te pongas en forma. Cuando domines la técnica correcta, aumenta el peso y la dificultad de los ejercicios. No tengas miedo a levantar pesos desafiantes: los músculos de la parte inferior del cuerpo son los más grandes (como el glúteo «máximus») y necesitan mucho peso para ser estimulados.

Variación 1 (fotos p. 222)

Posición inicial:

Coloca la barra de tal manera que descanse en la parte superior de la espalda. El espacio entre las manos ha de ser casi dos veces superior al ancho de los hombros.

Separa los pies y dirige ligeramente las puntas hacia el exterior. El espacio entre los pies ha de ser algo superior al ancho de los hombros.

Luego coloca el torso: pecho hacia fuera, hombros hacia atrás, mirada hacia delante.

Antes de empezar el ejercicio, necesitas tomar aire: inspira profundamente y aguanta.

Movimiento:

De forma controlada, baja las caderas como si fueras a sentarte, hasta que los cuádriceps estén paralelos al suelo. Evita que el espacio entre las rodillas aumente. Las rodillas nunca deben pasar la altura de los pies.

Cuando estás abajo, mantén la espalda recta, la mirada hacia delante, la barbilla levantada y los hombros hacia atrás. La parte inferior de la espalda sigue arqueada. Cuando has alcanzado la posición baja, aguanta un segundo antes de empezar la subida. Mantén la posición y sube con un movimiento explosivo y controlado apretando los pies contra el suelo. Espira, reduce la velocidad y no bloquees las rodillas.

Mis consejos:

- Mira siempre hacia delante.
- Saca el aire justo al final del movimiento.
- La bajada ha de ser lenta y controlada (cuenta hasta tres).
- Durante la bajada, siéntate en los talones como si te sentaras en una silla.
- La fase inicial del movimiento trabaja mayormente los cuádriceps, pero a medida que vas bajando, reclutas más fibras de los glúteos.
- Cuando llegas a la posición baja, no debe producirse rebote. Aguanta un segundo y no impulses el movimiento de la subida.
- Mantén siempre los talones firmemente pegados al suelo.
- En la subida, empuja desde los pies.
- No gires el tronco hacia delante al subir.
- Concéntrate en los músculos que trabajan.
- Asegúrate de que tus pies y rodillas están alineados.

Si es la primera vez que realizas una sentadilla, empieza sin levantar peso (foto p. 223). Sustituye la barra por un palo de escoba

y ensaya el movimiento hasta que domines la técnica correcta. Concéntrate en mantener los pies firmes en el suelo mientras vas bajando las caderas. Baja lo más despacio que puedas manteniendo la parte inferior de la espalda arqueada, sin mover la cabeza, mirando fijamente hacia delante y manteniendo la parte superior de la espalda lo más recta posible. Asegúrate de que tienes la postura correcta antes de emprender la subida. Durante la subida, procura evitar torsiones del torso (suponen un estrés adicional para la columna vertebral) y sube empujando los pies contra el suelo.

Cuando domines la técnica, podrás reemplazar el palo de escoba por una barra con pesas, aumentando el peso a medida que vayas progresando.

A continuación explico otras dos variantes para que te familiarices con la técnica.

Variante 2 (fotos p. 225)

Este ejercicio es muy importante para la conexión mente-músculo. Con él aprenderás a concentrarte y apretar los glúteos (y de paso, ¡subirlos!). ¡Cuidado!, no es tan sencillo como parece. Cuesta agarrarle el truco. ¡Concéntrate!

Posición inicial:

De pie, con la espalda recta y los pies separados. Una pesa en cada mano, y las palmas hacia el cuerpo. Baja el cuerpo unos 10 cm doblando las rodillas.

Movimiento:

Flexiona la zona caderas/glúteos todo lo que puedas, y sube hasta que tus rodillas estén casi bloqueadas, basculando levemente las caderas hacia delante mientras subes y contraes los glúteos. Vuelve a la posición inicial y repite el movimiento hasta terminar la serie.

Mis consejos:

- Puedes hacer este ejercicio con una barra colocada en los hombros para aumentar la resistencia.
- Es un buen ejercicio para aprender a bascular las caderas.
- Si no consigues mantener el equilibrio, empieza apoyándote en una silla o en las espalderas del gimnasio.

Variante 3 (fotos p. 227)

Posición inicial:

De pie, con las manos juntas delante que sujetan una pesa. Separa los talones aproximadamente 15-20 cm y dirige las puntas

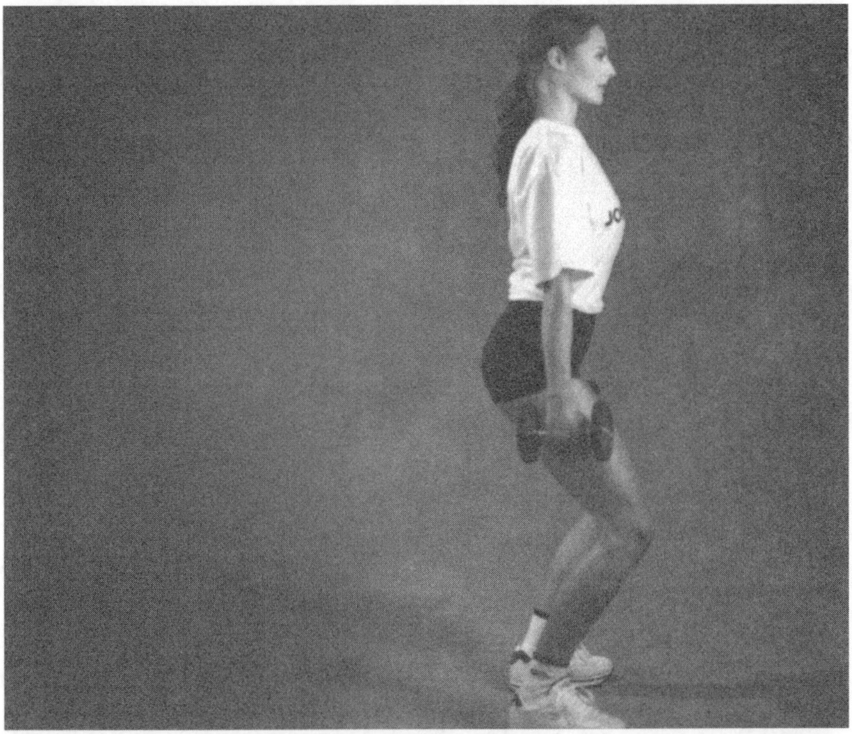

de los pies hacia fuera. Mantén la espalda recta y mira fijamente hacia delante.

Movimiento:

Doblando las rodillas, baja hasta estar casi de cuclillas, con los muslos paralelos al suelo. Siente la tensión en la parte interna de tus muslos y vuelve a la posición inicial ejerciendo fuerza en la parte interna y la parte de delante de los muslos. Repite el movimiento hasta terminar la serie.

Mis consejos:

- Mantén la espalda recta. No te inclines hacia delante o atrás.
- Para que el ejercicio resulte más efectivo, recuerda que debes mantener las puntas de los pies hacia fuera.
- Puedes hacer este ejercicio con una barra en los hombros y con las puntas de los pies dirigidas hacia fuera o bien con los pies casi paralelos (en este último caso, trabajan más los músculos de la parte de delante de los muslos).
- También puedes hacer este ejercicio en casa apoyándote en el respaldo de una silla.

Elevación de cadera (fotos p. 228)

Posición inicial:

Boca arriba, con las rodillas dobladas, los pies en el suelo, los brazos apoyados en el suelo, las palmas de la mano hacia abajo.

Movimiento:

Sube las caderas hacia el techo, apretando los glúteos hasta que tengas la espalda recta. No arquees la espalda.

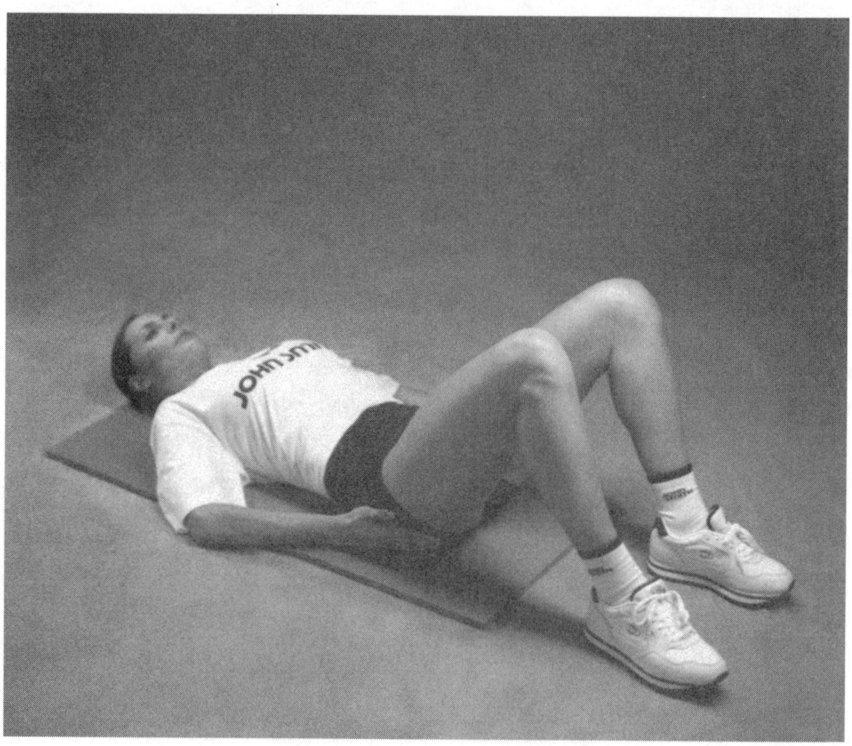

Mis consejos:

- Controla el movimiento: debes sentir una tensión constante en los glúteos.
- Haz una pausa cuando estás arriba y aprieta los glúteos.
- Concéntrate en tus glúteos.
- Puedes hacer este ejercicio colocando una pesa en tus caderas para aumentar la resistencia.

Elevación trasera de piernas (fotos p. 230)

Posición inicial:

Boca abajo, apoyado en los codos. Los pies separados con la punta estirada hacia atrás. El espacio entre los pies ha de ser aproximadamente de 30 cm.

Movimiento:

Aprieta toda la zona caderas/glúteos lo más fuerte que puedas y, con las rodillas bloqueadas, levanta ambas piernas al mismo tiempo hasta que no puedas subir más. El movimiento hace que el espacio entre las piernas incremente (ha de ser ahora de unos 45 cm). Mantén la presión en la zona caderas/glúteos durante unos segundos antes de volver a la posición inicial y repite el movimiento hasta terminar la serie.

Mis consejos:

- No tenses la parte inferior de la espalda mientras efectúas el ejercicio. Esfuérzate en relajar tu espalda mientras trabajas.
- Para asegurarte de que flexionas lo más posible los glúteos, puedes poner tus manos en esa parte del cuerpo mientras trabajas.
- Puedes realizar este ejercicio subiendo una sola pierna a la vez.

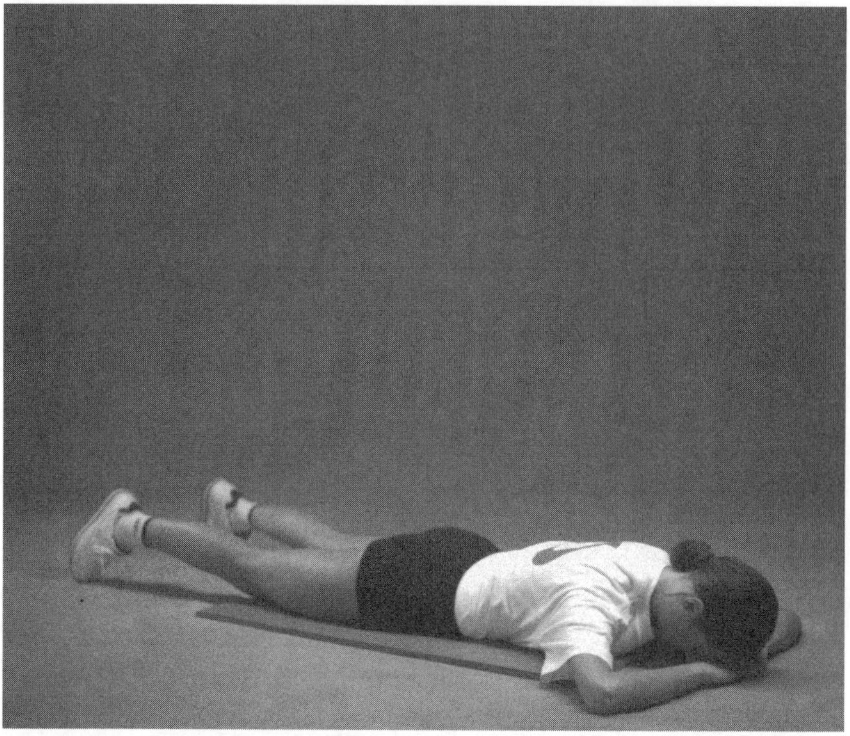

Extensión de las piernas (fotos p. 232)

Posición inicial:

Asegúrate de que la máquina está ajustada a tu cuerpo: la espalda ha de apoyarse en el respaldo y los muslos descansan en el asiento hasta la altura de las rodillas. Mantén la barbilla levantada y la espalda recta.

Movimiento:

No levantes la pesa de un golpe. Sube despacio la parte inferior de las piernas hasta alinearla con la parte superior, sin dejar de apretar los músculos de la parte de delante de las piernas.

Mi consejo:

- Algunas máquinas te permiten extender una sola pierna a la vez, alternando en cada repetición. En cualquier caso, concéntrate en efectuar una extensión completa en cada repetición.

Curl de piernas (fotos p. 233)

Posición inicial:

Colócate en la máquina boca abajo, con las rodillas al límite del colchón. Sitúa los talones debajo de la pesa y agarra las asas de la máquina.

Movimiento:

Mantén las caderas en su sitio y sube despacio los talones hacia los glúteos. Haz una pausa y baja despacio la pesa hasta volver

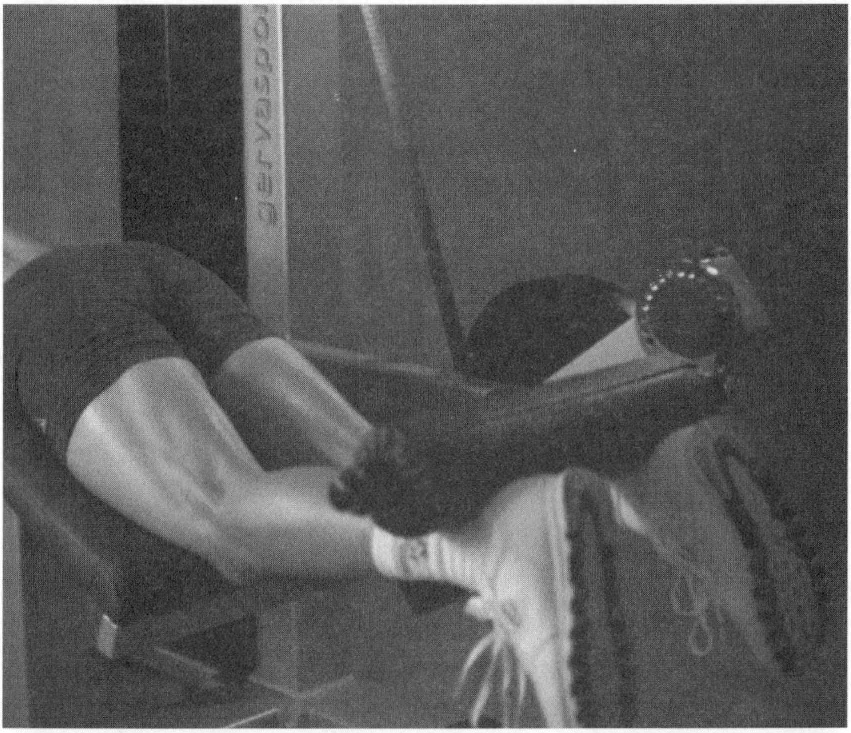

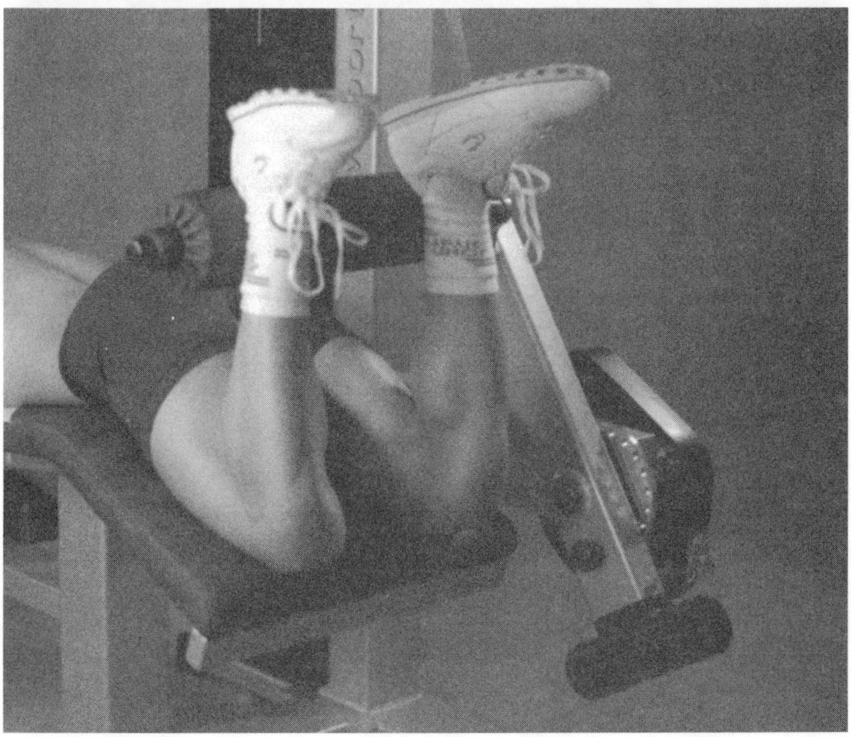

a tu posición inicial. Puedes realizar este ejercicio en casa con una pesa entre los pies.

Las tijeras (fotos p. 235)

Posición inicial:

Coloca una pierna hacia delante y la otra hacia atrás. El espacio entre los pies ha de ser aproximadamente de un metro (menos si eres bajito, más si eres alto). Levanta el talón del pie de atrás manteniendo la punta firme en el suelo.

Movimiento:

Flexiona una rodilla hasta que la rodilla del pie de atrás llegue casi al suelo. Mantén la espalda recta. Para rematar el ejercicio, ejerce fuerza en el talón del pie de delante y aprieta los glúteos.

Mis consejos:

- Asegúrate de que la rodilla de la pierna de delante está alineada con el tobillo.
- La rodilla de la pierna de detrás ha de situarse debajo de la cadera.
- Si no tienes equilibrio, apoya una mano en algún objeto estable.

El salto (fotos p. 236)

Se trata de un ejercicio avanzado muy efectivo. Se usa en el entrenamiento de los deportes que requieren movimientos explosivos (voleibol, tenis, fútbol...).

Posición inicial:

Pies separados con un espacio superior al ancho de los hombros. Flexiona las rodillas impulsando las caderas hacia atrás. Las caderas han de situarse detrás de los talones. Concentra el peso en los glúteos y extiende los brazos hacia atrás.

Movimiento:

Salta tan alto como puedas extendiendo los brazos hacia arriba. Al caer al suelo, amortigua el impacto con la parte intermedia del pie (metatarso), para minimizar el estrés en la rodilla. Espera dos segundos antes de repetir el movimiento.

Mis consejos:

- Mira siempre hacia delante.
- No arquees la espalda al saltar.
- No dejes de levantar el pecho al caer al suelo.

Press de piernas en máquina (fotos p. 238)

Posición inicial:

Siéntate en la máquina. Apoya los pies en la pesa, dirigiendo levemente las puntas hacia el exterior. Variando el espacio entre los pies, puedes trabajar las piernas de modo distinto.

Movimiento:

Baja despacio hasta que los muslos lleguen a tocar el vientre, mientras vas inspirando profundamente. Luego, vuelve a colocar la pesa en su posición inicial. Asegúrate de que no empujas con

gervasport

las puntas de los pies, sino con los talones, y no bloquees las rodillas al terminar el movimiento.

Mi consejo:

- No separes demasiado los pies y no dirijas demasiado las puntas hacia el exterior.

PECTORALES, HOMBROS, ESPALDA Y BRAZOS

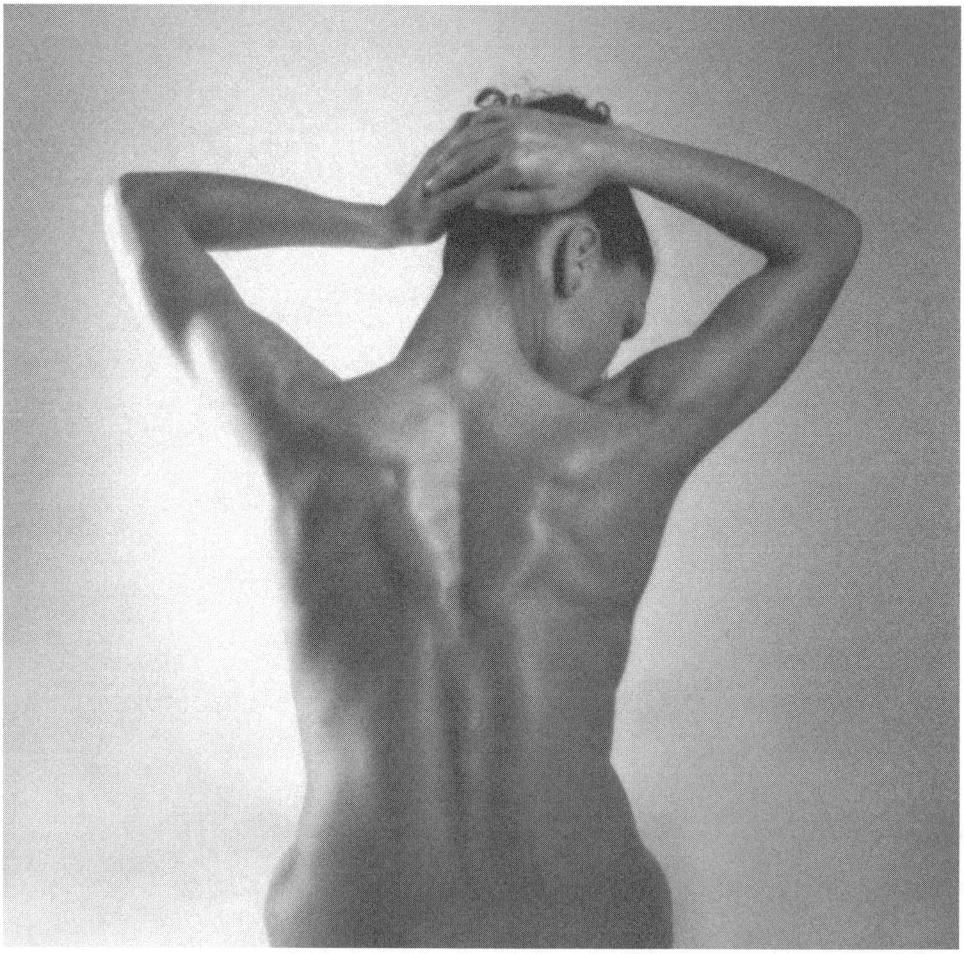

Pectorales y hombros

Press de banca con barra (fotos p. 242)

Con este solo movimiento trabajas los músculos principales de la parte superior del cuerpo. Por eso lo llamamos *el movimiento rey de la parte superior del cuerpo.*

Posición inicial:

Túmbate de espaldas en la banca, y apoya firmemente los pies en el suelo. El espacio entre los pies ha de ser algo superior al ancho de los hombros. Procura no arquear la espalda. Agarra la barra con las manos. El espacio entre las manos ha de ser superior al ancho de los hombros. Coge la barra y llévala, con los codos bloqueados, hacia la mitad del pecho.

Movimiento:

Baja despacio la barra hacia el pecho, contando hasta tres, hasta que los brazos estén paralelos al suelo. Luego, sube («uno-dos») y vuelve a la posición inicial. Haz una breve pausa, con la espalda bloqueada, y repite el movimiento.

Mis consejos:

- Asegúrate de que no arqueas la espalda.
- Mantén la parte superior de los brazos paralela al suelo cuando llegas abajo.
- Inspira antes de empezar la bajada o durante la bajada, y espira siempre durante la subida.
- La fase negativa (bajada) es tan importante como la fase positiva (subida). No dejes caer la pesa.
- Empieza sin peso (sólo con la barra).

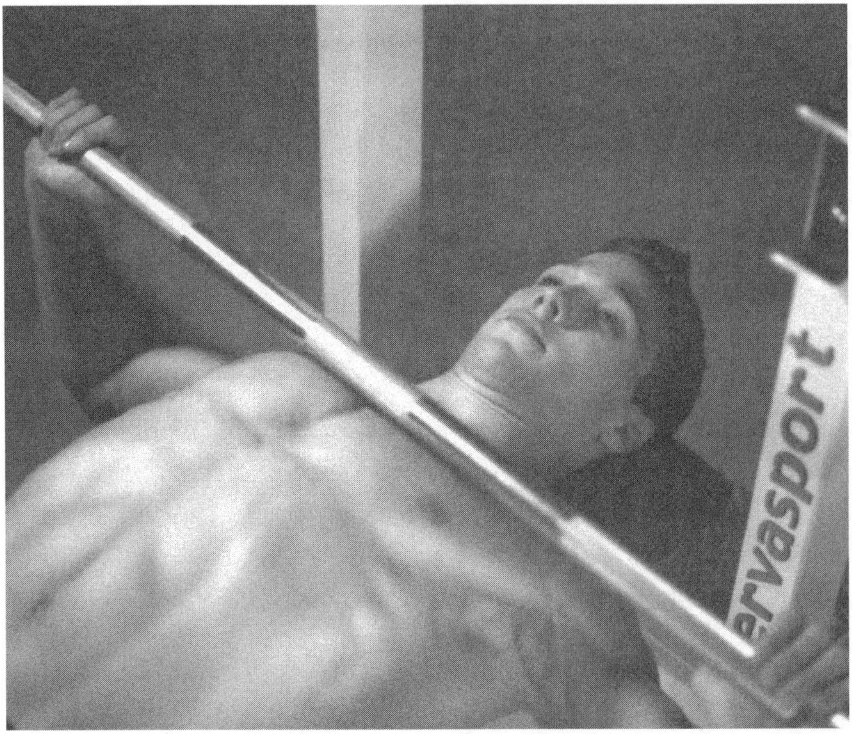

Press de banca con mancuernas (fotos p. 244)

Posición inicial:

Siéntate en el borde de la banca con una pesa en cada mano. Apoya las pesas en las rodillas. Con un movimiento lento y controlado, baja despacio desenrollando la espalda hasta tumbarte boca arriba, y levanta al mismo tiempo las pesas hasta colocarlas a la altura de los hombros. Las palmas de las manos han de mirar hacia delante. Dobla los codos de modo que la parte superior de los brazos esté paralela al suelo.

Movimiento:

Levanta despacio las pesas hasta un punto situado encima de los pectorales, ejecutando un movimiento triangular, hasta que se bloqueen los brazos. Repite el mismo movimiento triangular para bajar las pesas hasta que tus brazos estén paralelos al suelo.

Mi consejo:

- Asegúrate de que la parte superior de los brazos está paralela al suelo al principio y al final del movimiento.

Variante:

Subiendo la inclinación de la banca, puedes trabajar el pecho de distintas formas (fotos p. 245).

Los pájaros (fotos p. 247)

Posición inicial:

Siéntate en el borde de la banca con una pesa en cada mano. Túmbate boca arriba, manteniendo las pesas cerca del pecho. Levanta las pesas encima de los pectorales extendiendo los brazos. Mantén los codos ligeramente doblados. Asegúrate de que tus hombros y caderas descansan en la banca y de que tus pies están firmemente pegados al suelo.

Movimiento:

Baja despacio las pesas de cada lado del cuerpo como si dibujaras un arco en el aire. Cuando estás abajo, los codos levemente doblados han de situarse a la altura de la banca. Luego sube despacio las pesas con el mismo movimiento de arco y vuelve a la posición inicial.

Mi consejo:

- Asegúrate de que mantienes los codos doblados a lo largo del ejercicio.

Fondos (foto p. 248)

Posición inicial:

Levanta los pies del suelo apoyándote en las barras de la máquina. Si es posible, elige una máquina cuyo espacio entre las barras es superior al ancho de tus hombros. Los brazos están extendidos. Para centrar el trabajo en los pectorales (más que en los tríceps), inclínate levemente hacia delante. Levanta el pecho, mantén la barbilla alta y mira hacia delante. Cruza los tobillos detrás

de ti para desplazar el centro de gravedad hacia delante y saca todavía más los pectorales.

Movimiento:

Baja el cuerpo despacio, inclinándote hacia delante y empujando levemente los codos hacia fuera. Aguanta un segundo abajo y empuja tu cuerpo para volver a la posición inicial, manteniendo la tensión en los músculos cuando estás arriba. Haz una breve pausa y repite el movimiento.

Mi consejo:

- Si no consigues realizar este ejercicio a solas, solicita la ayuda de una persona que te sujete los tobillos mientras vas bajando y subiendo.

Flexiones (fotos p. 250)

Posición inicial:

Boca abajo, con las manos apoyadas en el suelo, los dedos separados. El espacio entre las manos ha de ser algo superior al ancho de los hombros. Los codos están doblados y separados del cuerpo. Levanta la cabeza y mira hacia delante. Los pies están juntos y con las puntas apoyadas en el suelo.

Movimiento:

Levanta el cuerpo de un solo bloque contrayendo los abdominales, los glúteos y los músculos de las piernas. Empújalo hacia arriba contrayendo los pectorales hasta que los brazos estén casi bloqueados. El cuello y la espalda están alineados, y la espalda ha de estar recta. Antes de bajar, inspira y aguanta, mientras contraes los abdominales y los músculos de las piernas y de la parte inferior de la espalda. Baja despacio con un movimiento controlado hasta que los pectorales toquen casi el suelo. Espira. Haz una breve pausa y repite el movimiento.

Mi consejo:

- Los principiantes pueden realizar el ejercicio apoyando las rodillas en el suelo, cruzando los pies, y manteniendo el torso recto (foto p. 251).

Press de hombros (fotos p. 252)

Posición inicial:

Coge una pesa en cada mano y siéntate en una banca con respaldo. Mantén los pies firmes en el suelo. El espacio entre los pies ha de ser aproximadamente igual al ancho de los hombros. Sube los brazos a la altura de los hombros, con los codos flexionados. Las pesas han de estar a la altura de las orejas. Apoya la cabeza en el respaldo.

Movimiento:

Empuja las pesas hacia arriba acercándolas hasta que casi se toquen encima de tu cabeza. Vuelve a la posición inicial.

Aperturas laterales

Posición inicial:

Sentado, con los pies firmes en el suelo, una pesa en cada mano, con las palmas hacia dentro. Levanta la barbilla y saca el pecho.

Movimiento:

Dobla ligeramente los codos y levanta las pesas de cada lado hasta que superen ligeramente la altura de los hombros. Haz una breve pausa antes de bajar las pesas. Repite el movimiento.

ESPALDA

Polea al pecho (fotos p. 254)

Posición inicial:

Coge la barra de la máquina por las extremidades y asegúrate de que la parte superior de tus muslos está inmovilizada. El espacio entre las manos ha de ser casi dos veces superior al ancho de los hombros.

Movimiento:

Manteniendo la cabeza alta y sacando los pectorales, baja la barra hasta la parte superior del pecho, inclinando ligeramente la espalda hacia atrás. Aguanta un segundo antes de volver despacio a la posición inicial.

Variante:

También puedes realizar este ejercicio bajando la barra por detrás de la cabeza (foto p. 255).

Remo a un brazo (fotos pp. 256 y 257)

Es uno de los mejores ejercicios para trabajar los bíceps de modo aislado.

Posición inicial:

Siéntate en la máquina y ajústala para que tus codos y tríceps descansen confortablemente en el soporte.

Movimiento:

Baja despacio la pesa sin dejar de mantener la tensión en el músculo. Para la bajada justo antes de extender completamente el bra-

zo. Sube la pesa hasta la altura del hombro. Haz 10-15 repeticiones y cambia de brazo. Haz 2 o 3 series por brazo.

Mi consejo:

- No extiendas completamente el brazo ya que podrías lesionarte.

Pullover

Posición inicial:

Apoya la parte superior de la espalda en una banca y mantén firmes los pies en el suelo. Coge la pesa con ambas manos y sujétala encima de la cabeza con los brazos estirados.

Movimiento:

Sin levantar las caderas, baja despacio la pesa como si dibujaras un arco en el aire, mientras vas inspirando muy profundamente. Aguanta en esta posición un segundo antes de volver a la posición inicial, dibujando de nuevo un arco en el aire, mientras vas espirando.

Mi consejo:

- No levantes las caderas al bajar la pesa detrás de tu cabeza. Mantén siempre tus caderas en la misma posición.

Brazos

Bíceps con barra (fotos p. 259)

Este ejercicio básico es uno de los mejores para trabajar los bíceps.

JOHN
SMITH

Posición inicial:

De pie, con los pies separados y las rodillas levemente dobladas. El espacio entre los pies ha de ser algo superior al ancho de los hombros. Agarra la barra y extiende los brazos hacia abajo de modo que la barra descanse en los muslos. El espacio entre las manos ha de ser algo superior al ancho de los hombros. Bloquea las muñecas. Mantén la barbilla levantada y mira hacia delante.

Movimiento:

Sube la barra despacio («uno-dos») hasta la altura de los hombros manteniendo los codos pegados al cuerpo. No muevas los hombros ni la parte superior de los brazos (o muy poco). No te inclines hacia delante para emprender la subida. Cuando estás arriba, haz una breve pausa y contrae los bíceps. Baja despacio contando hasta cuatro y manteniendo la tensión en los bíceps hasta alcanzar la posición inicial. No extiendas completamente los brazos.

Mis consejos:

- Asegúrate de que no te balanceas hacia delante o hacia atrás durante el movimiento.
- Mantén los codos cerca del cuerpo para asegurarte de que ejecutas el ejercicio de la forma correcta.

Bíceps con mancuernas (foto p. 261)

Posición inicial:

De pie, con los pies firmes en el suelo y la espalda recta. Coge las pesas y extiende los brazos, con las palmas de las manos hacia dentro.

Movimiento:

Dobla un brazo cada vez, girando la palma de la mano mientras subes la pesa hacia ti. Cuando esté arriba, para aumentar la contracción, dobla levemente la muñeca hacia dentro. Vuelve despacio a la posición inicial y repite el movimiento con el otro brazo.

Mi consejo:

- Mantén los codos pegados al cuerpo y muy quietos durante el ejercicio.

Press de tríceps (fotos p. 263)

Posición inicial:

De pie, con los pies separados y las piernas levemente dobladas. El espacio entre los pies corresponde al ancho de los hombros. Contrayendo los abdominales y sacando el pecho, inclínate levemente hacia delante basculando ligeramente las caderas hacia atrás. Coge la barra a la altura del pecho con las palmas de las manos hacia abajo.

Movimiento:

Mantén los codos pegados al cuerpo y empuja la barra hacia abajo extendiendo los brazos sin bloquear los codos, sintiendo cómo se contraen los tríceps. Vuelve despacio a la posición inicial.

Patada de tríceps

Posición inicial:

Apoya la rodilla y la mano izquierda en una banca e inclínate hacia delante. La espalda ha de estar paralela al suelo. La pierna derecha está levemente doblada y el pie firme en el suelo. Sujeta una pesa en la mano derecha. La parte superior del brazo derecho está paralela al suelo y pegada al cuerpo. Dobla el codo. Tu brazo ha de formar un ángulo de 90°.

Movimiento:

Dirige la pesa hacia atrás, moviendo sólo el antebrazo, hasta extender totalmente el brazo sin despegar el codo del cuerpo. Cuando tu brazo está paralelo al suelo, contrae el tríceps y vuelve despacio a la posición inicial (brazo doblado).

ESTIRAMIENTOS

Los estiramientos desempeñan un papel sumamente importante en un programa completo de *fitness*, y son los ejercicios más fáciles de realizar dado que puedes hacerlos en cualquier sitio. Los estiramientos trabajan los músculos, los ligamentos y las articulaciones. Son ejercicios fundamentales para la postura o la flexibilidad de las articulaciones, y permiten prevenir lesiones en los ligamentos o los tendones.

Consejos para los estiramientos:

- **Procura hacer estiramientos todos los días**. Si no lo consigues, haz estiramientos **un mínimo de tres veces a la semana**, trabajando los grandes grupos de músculos y articulaciones. Intenta hacer estiramientos todos los días.

- **Haz los estiramientos al finalizar tu sesión de ejercicio, no antes de empezarla**. Este consejo vale tanto para el ejercicio aeróbico como para los ejercicios de resistencia. De todas formas, los días en que sólo haces ejercicios de pesas, necesitas por lo menos cinco minutos de ejercicio aeróbico de poca intensidad (andar, correr, bicicleta, *step*). El calentamiento mejora el riego sanguíneo y sube la temperatura corporal, de modo que los músculos resultan más receptivos al esfuerzo. **Nunca estires un músculo sin calentamiento previo**.
- **Nunca estires un músculo en exceso**. Sentir el estiramiento no significa sentir dolor.
- **Concéntrate en el estiramiento**. ¿Sientes el estiramiento? ¿Lo haces de la forma correcta? ¿Debes esforzarte más?, o al contrario, ¿estás estirando demasiado? Piensa en lo que estás haciendo.

LA ALIMENTACIÓN

Que tu comida sea tu medicina,
y tu medicina tu comida.
Hipócrates

Cuida tu alimentación

- **Estamos sobrealimentados, pero malnutridos.**
- **Comemos más de lo que necesitamos, independientemente de si tenemos hambre o no, y a menudo alimentos equivocados.**
- **Hay que beber y comer con moderación: lo justo y necesario para que nuestras fuerzas se restauren.**
- **Nuestra alimentación no nos proporciona los nutrientes que necesitamos, porque consumimos demasiados alimentos cocinados o procesados.**
- **Al empezar un programa de entrenamiento, te darás cuenta de que tienes ganas de comer mejor.**
- **Lo que comes influye en tu estado físico, psicológico y espiritual.**
- **Nada sabe tan bien como el sentirse en buena forma.**

Has empezado a hacer ejercicio con la intención de construirte un cuerpo mejor, un cuerpo que no sólo se vea bien sino también en el que te sientas a gusto. Las pesas y el ejercicio aeróbico te ayudarán en tu propósito, pero si lo que pretendes es conseguir beneficios visibles y duraderos, no debes olvidarte de cuidar tu alimentación, adaptándola a las necesidades reales del cuerpo, eligiendo los alimentos en función de los nutrientes que proporcionan al organismo, planificando las comidas de tal modo que no se acumulen las calorías no utilizadas bajo forma de grasa. En pocas palabras: **tienes que comer para dar el mejor combustible al cuerpo**. Ésta es la razón por la cual he decidido dedicar la última parte de este libro a la alimentación: quiero darte unos breves consejos para que sepas satisfacer adecuadamente las exigencias y necesidades de tu organismo y que puedas mejorar tu figura gracias a una alimentación correcta acompañada de la práctica regular del ejercicio físico.

La sabiduría popular dice: «Somos lo que comemos». Es un total acierto. Construyes tu cuerpo con los alimentos que escoges. Una alimentación de calidad es igual o casi más importante que todo el ejercicio que has leído en las secciones anteriores. Como dice un entrenador amigo mío, **el ejercicio es la chispa y la alimentación el combustible**. Si falta alguno de los dos ingredientes, no se produce la llama vital, no hay resultados. Por lo tanto, en cuanto empieces a hacer ejercicio, tienes que imponerte una dieta sana y equilibrada.

Con los ejercicios aeróbicos reeducarás tu organismo y le enseñarás a procesar adecuadamente la grasa; con las pesas, te moldearás un cuerpo elegante y tonificado..., con una condición: tienes que suministrarle a tu cuerpo un material de construcción de buena calidad. **Recuerda: eres lo que haces..., y lo que comes**.

Dale a tu cuerpo alimentos de primera calidad

Está bien, por fin has dado el gran salto: haces ejercicio. Recuerda pues que, al empezar con esta práctica sana, estás poniendo en marcha un proceso de regeneración de tu cuerpo, durante el cual éste necesita material de construcción (vitaminas, proteínas,

- **No le des «paja» a tu cuerpo. Dale cemento y ladrillos. No le des calorías vacías. Dale proteínas, minerales, vitaminas..., en fin, nutrientes.**

minerales...). Tú transmites a tu organismo el mensaje siguiente: «Hazte más eficiente procesando los alimentos, mejora tu rendimiento», y éste, porque no quiere defraudarte, te contesta: «Dame ladrillos, cemento, cables..., para que desarrolle mis autopistas, arregle mis tuberías, amplíe mi sistema eléctrico». El problema es que son pocas las personas con una dieta sana y equilibrada. Comemos sin acordarnos de las necesidades de nuestro cuerpo, y en vez de aportarle el material sólido que solicita, le damos «paja» o calorías vacías. Consecuencia: el cuerpo se encuentra ante dos obstáculos en su camino hacia la buena salud: 1) no le das los elementos que necesita para funcionar de modo eficiente; 2) tiene que deshacerse de la «paja» que estorba y no le es de ninguna utilidad.

Imagínate que tienes una fábrica de bicicletas, y haces un pedido de ruedas, cadenas, pedales, y tus proveedores, en vez de cumplir con el pedido, te mandan corcho. ¡¿Corcho?! ¡¿De qué te sirve el corcho?! ¡Vaya faena! No sólo tienes el problema de que no puedes construir tus bicicletas, sino que además no sabes qué hacer con el dichoso corcho. Lo mismo pasa en tu cuerpo cuando le aportas calorías vacías en lugar de nutrientes.

Lo que te pide el cuerpo

El cuerpo no tiene hambre de pollo, de patatas fritas, de ensaladas, frutas o pizzas; el cuerpo tiene necesidad de unas cincuenta sustancias químicas, llamadas **nutrientes esenciales**. Más concretamente, se trata aproximadamente de 13 vitaminas, 22 mine-

- **El cuerpo no quiere leche; necesita la proteína y el calcio de la leche.**
- **El cuerpo no quiere pollo; necesita la proteína del pollo.**
- **El cuerpo no quiere ensalada; necesita las vitaminas, los minerales y la fibra de la ensalada.**
- **El cuerpo no quiere café, cerveza o refrescos; necesita agua.**

rales, 8 aminoácidos y 2 ácidos grasos, que resultan imprescindibles para el buen funcionamiento del cuerpo humano pero que el mismo organismo no puede producir, por lo cual se supone que tú has de suministrárselos a través de los alimentos que ingieres. De ahí el concepto de dieta equilibrada, una dieta que aporte al organismo las cantidades recomendadas de todas aquellas sustancias esenciales para su funcionamiento.

El reto que se te presenta consiste en proporcionarle a tu cuerpo las cantidades correctas de nutrientes que necesita, con una proporción adecuada de calorías, con el fin de no acumular un exceso de grasa y mantenerlo en forma. Por eso debes incluir en tu dieta alimentos ricos en nutrientes esenciales y bajos en calorías, y suprimir los que te aportan calorías vacías sin garantizar las necesidades básicas de tu organismo. Eso es lo que te pide el cuerpo.

Alimentos de alta densidad calórica

Son aquellos alimentos que suministran muchas calorías y pocos nutrientes. Suelen contener mucha grasa y azúcares refinados y procesados, es decir, «mucho ruido y pocas nueces». Si quieres ponerte en forma y cuidar tu línea, has de evitarlos.

En esta categoría entra lo que hoy en día se llama «**comida basura**»: **bollos**, **pasteles**, **patatas fritas**, **chocolatinas**... Estos **antojos** no son comida: no aportan nada que el cuerpo pueda utilizar.

Cuando el hombre procesa los alimentos para hacerlos más atractivos y para que duren más tiempo en los estantes de las tiendas, añade conservantes y aditivos convirtiendo alimentos sanos en alimentos con muy poco valor nutricional. Es el caso de la mayor parte de los cereales que se venden en cajas (aunque hayan sido fortalecidos con vitaminas), de las latas de conserva, del arroz blanco... Elige alimentos que estén cerca de la tierra, es decir, alimentos que hayan sido manipulados lo menos posible por el hombre. **Olvídate de los productos envasados, enlatados o en bolsas de plástico y vuelve al mercado**.

Alimentos de alta densidad nutritiva

Son aquellos que suministran al cuerpo muchos nutrientes (vitaminas, minerales, proteínas...) con pocas calorías.

Las frutas, las verduras, los productos lácteos desnatados, el pollo (sin la piel), el pescado son alimentos de alta densidad nutritiva.

En tu alimentación diaria debes incluir alimentos de alta densidad nutritiva y suprimir los alimentos de alta densidad calórica (o baja densidad nutritiva).

Pongamos el ejemplo de la leche. La leche es un elemento fundamental de tu dieta, porque lleva proteínas, calcio, vitaminas. Ahora bien, si comparamos la leche entera y la leche desnatada, podemos comprobar que un vaso de leche desnatada contiene 180 calorías y la misma cantidad de calcio y proteínas que un vaso de leche entera. Entonces, ¿por qué empeñarse en tomar leche entera? Ya sé que sabe mejor, pero lo que necesita tu cuerpo son el calcio y las proteínas, y las consigue tanto a través de la leche entera (con más calorías) como a través de la leche desnatada (con menos calorías). Se dice que la leche entera tiene una baja densidad nutritiva, mientras que la leche desnatada tiene una alta densidad nutritiva.

Asimismo, al quitar la piel del pollo, te ahorras muchas calorías vacías, mientras que si, al contrario, fríes una patata, añades a un alimento muy nutritivo y muy sano en sí muchas calorías vacías.

Hay que ser práctico a la hora de preparar las comidas: escoge los alimentos que contengan ladrillos de calidad y poca paja. Olvídate de los fritos, de tanta sal, de la nata y de la mantequilla. Lo que necesita tu organismo son las proteínas del pollo, no las calorías de la piel o del aceite. Necesita los nutrientes de las ensaladas, no las calorías vacías de las salsas. Tienes que educar nuevamente tu paladar, y aprender a disfrutar del sabor real de los alimentos.

Comer sano también puede ser sinónimo de placer.

Cavamos nuestras tumbas con los dientes

- **Nos quitamos las frustraciones de nuestras vidas con el cuchillo y el tenedor.**
- **¿Por qué comemos tan mal?**
  - **... por costumbre e inercia: «Esto es lo que siempre he comido».**
  - **... por pereza: «Me he preparado cualquier cosa».**
  - **... por falta de educación: «No sabía que esto era malo para el cuerpo».**
  - **... porque comemos más para suplir nuestras carencias afectivas que para atender las necesidades de nuestro cuerpo: «Estoy deprimido, vamos a tomar algo», «¿Por qué no salimos a cenar?, estoy aburrido».**
- **Tienes que ser consciente de cómo te afecta lo que comes.**

¿Te gustan los coches? Pues imagina que tienes un Ferrari Testarossa o un BMW. ¿Qué tipo de combustible le pondrías? ¿Qué categoría de aceite? Todo de primerísima calidad, ¿verdad? Entonces, si cuidas tanto tu coche, ¿por qué descuidas tu cuerpo? El cuerpo humano es una máquina muy compleja, mucho más perfeccionada que un motor de coche, que necesita mucha atención y muchos cuidados para dar su mayor rendimiento. Pero la mayoría de la gente sólo le da combustible de tercera, lo envenena con productos químicos, con pasteles, grasas saturadas y azúcares que van deteriorándolo poco a poco.

La cuestión es: ¿por qué comemos tan mal? Por costumbre, por inercia, por pereza, por falta de educación. Porque es muy fácil conseguir manjares sabrosos con aceite, sal o mantequilla. Porque es más rápido calentar en el microondas un plato precocinado, con un sabor riquísimo (mucha nata y mucha sal) a pesar de sus infames conservantes, que planificar una comida equilibrada. Y también porque a menudo compensamos nuestras carencias afectivas con la comida, como si buscáramos la felicidad en el paladar. El chocolate, los dulces y las salsas exquisitas nos proporcionan un placer inmediato que por un instante nos aleja de nuestras preocupaciones y angustias. Pero es un círculo vicioso, porque estas comidas con demasiadas calorías y pocos nutrientes dañan nuestro organismo, convirtiéndolo en un verdadero depósito de basura. Y luego nos extrañamos y nos lamentamos: «No entiendo, he engordado mucho últimamente», «Qué raro, me siento cansado, me duele el estómago». De raro, nada. Todo es muy lógico: cavamos nuestras propias tumbas con nuestros dientes.

Debes diferenciar el apetito del hambre. El hambre es una necesidad física real que te provoca cierto malestar y que tu estómago suele manifestar haciendo ruido. En cambio, el apetito no es una necesidad. Son ganas de comer que muchas veces tienen poco que ver con el hambre. Demasiado a menudo el apetito nace de causas externas y nos incita a comer aunque no tengamos hambre.

¿Hago lo que predico?

- **No son los acontecimientos especiales (bodas, cumpleaños, cenas de Navidad...) los responsables de tus problemas de peso, sino los kilos acumulados a consecuencia de desequilibrios ínfimos pero continuos.**
- **El 70% del tiempo como para dar a mi cuerpo combustible de primera, y el otro 30% para deleitar mi paladar.**
- **Sentirse bien sabe mejor que cualquier plato grasiento con el que sólo se consigue un placer momentáneo.**

Yo procuro seguir la regla siguiente: como mayormente para satisfacer las necesidades de mi cuerpo. Cuando me preparo la comida, en el 70 % de las veces, pienso en lo que necesita mi cuerpo. Me gusta cómo me encuentro cuando me alimento bien, me gusta tener un cuerpo vital y en plena forma para correr, jugar al tenis y disfrutar de la vida. Algunos amigos míos no lo entienden y me dicen que soy un fanático. Pero no es verdad. Ya sé que comer también es sinónimo de momentos felices, compartidos con tu familia, tus seres queridos, tus amigos. A mí también me gusta disfrutar de mis platos favoritos, y reconozco que un homenaje de vez en cuando no viene mal. Ahora bien, demasiada gente encuentra cualquier pretexto para usar la comida como premio: «Hoy, he trabajado mucho. Me merezco una buena chuletita con patatas fritas». Y claro, esto se nota en los cuerpos. El problema es que se convierte en una costumbre algo que debería ser excepcional, propio de los fines de semana o de determinadas ocasiones. **En el día a día, tienes que superar la tiranía de las papilas gustativas y pensar sólo en alimentarte bien y dar a tu cuerpo el respeto que se merece**.

Eso es lo que procuro hacer. No suelo comer chucherías, pizzas, bollos, patatas fritas…, todo lleno de grasa inútil. Comida basura. ¿Por qué? Porque son alimentos de muy baja densidad nutritiva que no aportan nada que el cuerpo pueda utilizar. Lo único que aportan son calorías vacías, que van a parar directamente a la tripa, las caderas, el trasero. Confieso que a veces tengo algún que otro antojo, pero intento vencerlo y lo dejo para días especiales.

Esto no quita que sepa disfrutar al máximo cuando llega el momento. Por ejemplo si me encuentro de viaje en un país extranjero, no me paro a pensar en lo que como: pruebo los exquisitos –o menos exquisitos– manjares del lugar, porque también forma parte de su cultura. Y eso mismo digo a mis clientes cuando me preguntan preocupados: «Fernando, me voy de vacaciones, ¿qué puedo comer?». Cuando viajas fuera, o cuando te invitan a un cumpleaños, puedes comer de todo. No es momento de cuidar tu alimentación, sino de disfrutar. Cuando vuelvas a la vida normal, reanudarás tus buenos hábitos alimenticios.

No te creas que esta rutina sana supone mucho sacrificio, es cuestión de costumbre: las comidas ricas en nutrientes y bajas en calorías no tienen por qué ser aburridas y sin sabor. La mantequilla y la sal no son imprescindibles para que un alimento sepa bien, al contrario, disfrazan su sabor real. Lo que yo como sabe bien, y además es bastante fácil de preparar. Lo repito: comer sano puede ser un placer. Eso sí, tengo amigos que se burlan de mí: cuando comemos juntos, piden patatas fritas (grasientas, diría yo) y otros platos del mismo estilo. Hacen gestos de satisfacción e insisten: «Mmm, ¡qué rico! No sabes lo que te pierdes, de verdad». **Sí sé lo que me pierdo, y lo sé muy bien: un cuerpo fláccido, una tripa blanducha y unas digestiones pesadas**.

Sobre todo sé lo que gano: vitalidad y energía. Me siento feliz y realizado porque me da fuerza y seguridad saberme capaz de autodisciplinarme, de controlar mis hábitos, de controlar mi vida.

Cuando estás en forma, la alimentación te afecta de modo diferente

No es lo mismo que yo me tome un «bollo» a que te lo tomes tú. Si tu cuerpo funciona bien, ya no tendrás que obsesionarte tanto por tu peso. La alimentación es importante, pero todavía lo es más estar en forma. El problema de muchas personas no radica tanto en lo que comen sino en cómo su cuerpo procesa los alimentos. Su motor deficiente no utiliza el combustible al cien por cien de sus posibilidades, por lo cual tienden a engordar.

Cuando estás en forma, los excesos te afectan mucho menos que cuando no lo estás. Para una persona sedentaria, tomarse tres whiskies no es lo mismo que para una persona que hace ejercicio con regularidad. Tengo amigos deportistas con una maquinaria interior tan eficiente que, aunque de vez en cuando se pongan ciegos de patatas fritas y hamburguesas chorreando de ketchup y mostaza, no engordan ni un gramo. Su cuerpo quema todas las calorías que ingieren, incluso las calorías vacías. Cuando voy a comer con ellos, disfrutamos y comemos de todo. Mientras tanto, me fijo en aquellas personas que se sienten culpables y no dejan de preguntar por las calorías de los platos que presenta la carta: «Oye, ¿esto engorda?, ¿y esto?». Se quedan sin postre y se retiran rápidamente, incapaces de soportar más tiempo este suplicio. Sinceramente, siento mucha pena por ellos, porque no disfrutan. Su miedo a engordar les hace la vida imposible.

Aprender a comer mejor

Hace poco, una encuesta publicada en una revista revelaba que el 90 % de las personas encuestadas creía que su dieta era sana cuando en realidad sólo un 1 % respetaba las normas mínimas de una dieta sana. Sólo una de cada veinte personas sabía que el

- **Comemos más de lo que creemos.**
- **El hecho de que un alimento sea *light* o libre de grasa no significa que no engorde.**
- **Si no dispones de la información correcta sobre nutrición, te resultará difícil, incluso imposible, construirte un cuerpo sano y fuerte.**
- **Las personas que saben algo de nutrición tienden a comer mejor.**

aceite de oliva, el aceite vegetal y la mantequilla proporcionan el mismo número de calorías. Siete de cada diez ignoraban lo que son las grasas monosaturadas y más del 80 % de los encuestados no sabía en qué alimentos se hallan las grasas saturadas.

Una alimentación sana y equilibrada es fundamental para estar en forma, pero estas cifras demuestran cuán grande es la ignorancia respecto a los temas relacionados con la nutrición. La gente cree saber mucho, cuando en realidad sabe muy poco. Es una lástima, porque las personas que realmente entienden de nutrición suelen tener una alimentación sana, baja en calorías y rica en nutrientes (no todas, desafortunadamente, ya que saber y poner en práctica lo que se sabe no siempre corre parejo). La mayoría de la población come más –y consume más grasa– de lo que cree: subestima la cantidad de alimentos que ingiere del mismo modo que subestima la proporción de grasa en la comida. Muchos se dejan engañar por los alimentos *light* que invaden los supermercados, asumiendo que, como llevan la etiqueta «sin grasa», no engordan. Deducen de ello que pueden permitirse comer cantidades mayores. Es un error. En efecto, muchos de estos alimentos *light* pierden en grasa lo que ganan en azúcar, por lo cual tienen las mismas calorías que los demás alimentos. El hecho de que un alimento sea *light* no significa que no engorde.

Desgraciadamente, muy pocas son las personas conscientes de todo ello. Entreno a hombres de negocios, periodistas, artistas, personas cultas, y muy a menudo me doy cuenta de que saben muy poco de nutrición. No es culpa suya. El problema es que en nuestro país no hay educación nutricional. En los colegios, no se enseña a comer bien, cuando es ahí donde debería empezar. Los medios de información participan de la confusión, soltando de cuando en cuando alguna nueva «verdad» sobre la «buena alimentación», para luego corregir sus afirmaciones y sustituirlas por otras, convirtiendo un alimento antes «prohibidísimo» en «sanísimo», o viceversa. El resultado es que la gente no sabe qué alimentos escoger y no se da cuenta de cómo afectan a su organismo.

Nunca es tarde para remediar las lagunas de la educación. ¿Cuál es la diferencia entre grasa saturada e insaturada? ¿Qué son las proteínas?, ¿los minerales?, ¿las vitaminas? ¿Qué beneficios aportan al cuerpo? ¿En qué alimentos se encuentran? En cualquier librería encontrarás un libro que responda a estas preguntas y te informe adecuadamente sobre nutrición. Por mi parte, a continuación te daré una breve descripción de las distintas clases de nutrientes y te explicaré qué alimentos no deben faltar en tu dieta.

Elaborar una dieta equilibrada no es difícil: si comes frutas, verduras y alimentos con alta densidad nutritiva, puedes estar seguro de que tu cuerpo te lo agradecerá.

¿Qué quiero decir con la palabra «dieta»?

Yo no quiero que te pongas a dieta, quiero que te pongas en forma y adoptes una dieta sana y equilibrada.

Para ti, me imagino que la palabra «dieta» tiene connotaciones negativas. Alude al sacrificio y al sufrimiento, a privaciones y restricciones. Pero en mi boca este término se refiere al modo que tiene cada uno de alimentar su cuerpo. Yo no quiero que te pongas a dieta, quiero que adoptes una dieta sana y equilibrada. No digo que pases hambre, digo que comas para quitarte el hambre con alimentos nutritivos y beneficiosos para tu salud. Lo que yo digo es: **intenta comer bien la mayoría del tiempo, y ponte en forma para poder disfrutar de tus platos favoritos de vez en cuando, sin miedo a engordar**.

¿En qué consiste una dieta equilibrada?

La dieta mediterránea es la dieta equilibrada por antonomasia. Contiene todos los nutrientes que necesita el cuerpo. A consecuencia de ello, los españoles damos por supuesto que tenemos una alimentación sana y equilibrada desde que los medios de comunicación no escatiman los elogios sobre la dieta mediterránea. Por vivir en España, estamos convencidos de que seguimos la dieta mediterránea. ¿Ah, sí? ¿Todos los españoles comemos tres piezas de fruta al día, cereales integrales, hortalizas, verduras, ensaladas, tomates, pescado...? Ésta es la dieta mediterránea. Ésta es una dieta sana y equilibrada. ¿Te atreverías a afirmar que es la tuya? Vivir en un país mediterráneo no significa comer bien. Sólo significa que tenemos a mano buenos productos, ni mucho menos que los consumamos. Tienes la suerte de vivir en un país que te ofrece una gran variedad de productos de calidad. Ahora te explicaré cómo sacar buen provecho de ello.

La grasa es un síntoma localizado de un desorden sistemático. Tiene que ser tratado sistemáticamente con **ejercicio aeróbico** para cambiar la química muscular y con **una dieta equilibrada** para reducir la grasa total.

No hay forma de eliminar la grasa selectivamente en una parte determinada del cuerpo. La grasa del estómago no es grasa del estómago sino de todo el cuerpo. Sin embargo se pueden tratar áreas localizadas desarrollando la masa muscular, tonificando y endureciendo tu cuerpo: para esto sirven los **ejercicios de pesas**.

Muchas personas están obesas y con mala salud por ignorancia. Como entrenador, lo que quiero es que mis clientes se responsabilicen de su salud, no sólo haciendo ejercicio, sino también comiendo bien. No es mi intención aburrirles con todos los detalles relativos a la ciencia de la nutrición (¡no vaya a ser que engorden del aburrimiento!), pero creo que es fundamental facilitarles una información básica sobre el efecto que tienen los alimentos en su cuerpo para que ellos mismos sean capaces de tomar las decisiones acertadas en cuanto a su alimentación. Si lo que quieren es reducir los niveles de grasa y construirse un cuerpo sano y tonificado, deben entender que **el ejercicio es necesario pero insuficiente**. Si comen mal al salir del gimnasio, por muchas horas que entrenen conmigo, no verán resultados.

Un buen entrenador debe saber tanto de ejercicio como de nutrición para orientar convenientemente a sus clientes en el camino hacia la buena salud y la forma física.

Nutrición básica

Los nutrientes esenciales

Los nutrientes esenciales son proteínas, hidratos de carbono, grasas, vitaminas, minerales y agua.

En las páginas anteriores he mencionado que el cuerpo necesita determinados nutrientes que él mismo no puede fabricar, por lo que debes proporcionárselos a través de la alimentación. ¿Cuáles son estos nutrientes? Son seis: proteínas, hidratos de carbono, grasas, vitaminas, minerales y agua. Los tres primeros sirven como fuente de energía, mientras que los tres últimos participan en procesos metabólicos fundamentales para el buen funcionamiento del organismo.

Los procesos metabólicos que se producen en tu cuerpo se llevan a cabo mediante dos o más nutrientes. Es obvio pues que una alimentación pobre en uno o varios de ellos daña el organismo, y que una dieta equilibrada debe contener todos los nutrientes esenciales requeridos por el organismo. Por ejemplo, las mujeres necesitan hierro para reconstruir sus glóbulos rojos. Sin embargo, los glóbulos rojos no funcionan correctamente sin una determinada cantidad de calorías, proteínas, vitamina E, vitamina C, gran parte de las vitaminas B, cobre, zinc y otros minerales. Aunque la cantidad de hierro ingerida sea suficiente, la falta de uno o varios de estos nutrientes tendrá efectos negativos en la formación o actividad de los glóbulos rojos, resultando perjudicial para el estado de salud de la mujer cuya dieta es inadecuada.

Tu cuerpo necesita energía para funcionar. ¿Dónde la encuentra? En las proteínas, los hidratos de carbono y la grasa. Sí, también tienes que comer grasa (¡en cantidades moderadas!). No debes descartar las proteínas. No aconsejo una dieta rica en hidratos de carbono, aunque muchos hagan proselitismo a su favor. ¿Por qué? Lo comprenderás si lees detenidamente las páginas que siguen. He procurado hacerlo lo más sencillo y ameno posible. Es sumamente importante que entiendas para qué sirven estos tres nutrientes y cómo los procesa tu organismo.

Los hidratos de carbono

Mis clientes suelen estar muy confundidos en lo referido a los hidratos de carbono. Cuando les hablo de azúcar, lo primero que les viene a la mente es el azúcar de mesa, los dulces, los caramelos, los bollos o los pasteles. Pero se olvidan del azúcar de las manzanas, el pan, la pasta, las ensaladas, las zanahorias... Los hidratos de carbono contenidos en la pasta se convierten en glu-

- **¡Cuidado con los hidratos de carbono si quieres perder grasa!**
- **Es el combustible preferido del cuerpo.**
- **El término hidrato de carbono no es más que el nombre científico del azúcar.**
- **El azúcar, una vez digerido en la sangre, se llama glucosa.**
- **La glucosa es la principal fuente de energía del cerebro y del sistema nervioso.**
- **Si consumes hidratos de carbono en exceso, por muy sanos que sean, tu cuerpo los transforma en grasa.**

cosa del mismo modo que el azúcar de los caramelos (siendo la glucosa el nombre científico del azúcar cuando está en la sangre). Por eso me hace mucha gracia cuando veo que una persona deja de ponerse dos cucharaditas de azúcar en el café después de haberse tomado un plato enorme de espaguetis con pan. ¡Los espaguetis y el pan también son azúcar! ¿Los tomates y la ensalada? También.

Sin embargo, no te precipites en eliminar los hidratos de carbono de tu dieta. Los necesitas, y no todos te afectan de la misma manera, dependiendo de la densidad nutritiva de los alimentos en los que se encuentran. Los hidratos de carbono contenidos en las frutas, verduras y hortalizas vienen envueltos en fibra (cuyos beneficios detallaré más adelante) y acompañados de vitaminas y minerales. Son alimentos de alta densidad nutritiva. En cambio los hidratos de carbono de los alimentos procesados (pan blanco, arroz blanco, galletas, etc.) no aportan al cuerpo nada más que calorías vacías. Son estos hidratos de carbono los que conviene suprimir de tu alimentación cotidiana si quieres cambiar tu apariencia física.

Hasta hace relativamente poco tiempo, los médicos y expertos en nutrición recomendaban una dieta rica en hidratos de carbono (un 60 % de hidratos de carbono, un 20 % de proteínas y un 20 %

de grasa). Yo no te lo aconsejo. Si quieres bajar tus niveles de grasa o mantener tu línea, consumir muchos hidratos de carbono no es ni mucho menos la solución adecuada. Yo también comía así, respetando estas proporciones de hidratos de carbono, proteínas y grasa. Pero desde que he reducido mi toma diaria de hidratos de carbono, mis niveles de grasa han bajado de un 12 % a un 7 % y tengo un cuerpo mucho más definido. Lo recomiendo a mis clientes. Y muchos de ellos han podido comprobar cómo sus cuerpos han cambiado y lo llenos de energía que se sienten desde que comen menos hidratos de carbono. Éste es el truco al que acuden todos los actores y modelos cuando tienen una película o un desfile en una pasarela internacional. En efecto, dado que los hidratos de carbono se almacenan con agua en el cuerpo, al reducir su consumo éste «se seca». En unos días, obtienen un cuerpo definido, siempre que tengan una musculatura decente (¡lo cual dista mucho de ser el caso de la mayoría de la gente!).

Los hidratos de carbono son nutrientes esenciales, por lo cual deben formar parte de tu dieta, pero no en cantidades excesivas. En páginas posteriores te explicaré precisamente la manera más adecuada de consumirlos, pero ya puedes recordar que es conveniente descartar los hidratos de carbono de asimilación rápida (alimentos procesados) y privilegiar los de asimilación lenta (legumbres, arroz integral, verduras, frutas...), teniendo en cuenta que la mejor forma de consumirlos es en pequeñas cantidades a lo largo del día, con una porción de proteína para ralentizar el proceso de digestión.

Supongamos que vas a cenar a un restaurante. Dado que cuidas tu línea, decides tomar pasta, porque has oído que la pasta lleva muy poca grasa y es el alimento preferido de los atletas. En realidad, tu organismo dista mucho de ser el de un deportista profesional, y por lo tanto lo más probable es que parte de estos espaguetis se almacenen bajo forma de grasa en tu organismo. ¿Por qué?

A lo largo del proceso de digestión, el cuerpo convierte los **hidratos de carbono** (del pan, de la pasta y de los otros alimentos que hayas cenado) en **azúcar** con el fin de suministrar al cerebro y a los músculos el combustible que necesitan. Para compensar la repentina subida de azúcar en la sangre, el **páncreas** segrega **insulina**, una hormona que tiene entre otras funciones la de almacenar el exceso de glucosa (azúcar de la sangre). Parte del azúcar es consumida de inmediato por el cerebro y los músculos (sobre todo si estás en movimiento), pero si sobra azúcar en la sangre, como suele ser el caso después de este tipo de cena, el cuerpo lo almacena en los músculos y en el hígado (son los depósitos de azúcar del cuerpo) bajo forma de **glucógeno**, el cual podrá utilizarse cuando surja la necesidad.

Sin embargo, los depósitos de azúcar de los músculos y del hígado son muy pequeños. Tienen una capacidad limitada (más limitada en las personas sedentarias que en las que hacen ejercicio) y cuando las cantidades de azúcar en el hígado alcanzan un nivel determinado, el hígado transforma el azúcar en grasa que va a añadirse a los depósitos de grasa del cuerpo. Exactamente lo que querías evitar.

A diferencia del hígado, los depósitos de grasa tienen una capacidad de almacenamiento virtualmente ilimitada, dado que las células de grasa tienen el potencial de hincharse y multiplicarse muy rápidamente. Así es como los hidratos de carbono se convierten en grasa y vienen a aumentar el tamaño de tus muslos, de tu cadera, de tu tripa o de tu trasero. De ahí no se moverá la grasa hasta que tu cuerpo necesite más energía de la que suele utilizar.

La gente suele estar muy confundida con los hidratos de carbono, y en especial los hidratos de carbono complejos (de asimilación lenta) como la pasta, el arroz o las legumbres. Pongamos el ejemplo de la pasta. Muchos creen que es un alimento sano, porque no tiene grasa y porque han oído que los deportistas suelen comer pasta antes de una competición. Antes de deducir apresuradamente de ello que la pasta no engorda, deberían preguntarse por qué la pasta es uno de los alimentos predilectos de los atletas. ¿Por qué? Porque necesitan un aporte constante de energía y, siendo la pasta un hidrato de carbono complejo que, mediante la digestión, se descompone lentamente en azúcar, les proporciona aquellas grandes cantidades de combustible que piden sus cuerpos. La pasta no engorda si eres Indurain y te pasas cuatro horas a un ritmo endiablado en una bicicleta, o si eres un atleta de elite que vive del ejercicio y necesita a menudo reponer energías.

Sin ir tan lejos, es cierto que hay personas (quizá conozcas a alguna) que pueden consumir muchos hidratos de carbono (pan, arroz, pasta...) sin experimentar repercusiones negativas en su organismo. Tienen suerte porque los hidratos de carbono no estimulan excesivamente su secreción de insulina. Excepciones aparte, suelen ser no obstante personas que están en buena forma física y que hacen mucho deporte. No representan la mayoría de la gente, y dudo que formes parte de este club selecto y afortunado. Si consumes muchos hidratos de carbono y eres de los que están sentados todo el día delante de un ordenador por motivos profesionales (o extraprofesionales), más vale que tengas cuidado cuando vayas a un restaurante italiano.

Fran y Pablo van a cenar juntos al restaurante. Después de la cena, los dos piden una tarta de postre. Fran está en muy buena forma, y Pablo no. El primero puede permitirse el capricho del postre. Su organismo almacenará el azúcar sobrante bajo forma de glucógeno y mañana lo quemará. Pablo debería evitarlo: su organismo no necesitará antes de mucho tiempo el azúcar en exceso. Nada más ingerirlo (o casi), el azúcar se convierte en grasa. Como dicen los americanos: *Eat it today, wear it tomorrow* («cómelo hoy, llévalo –en la tripa– mañana»).

Es importante recalcar pues que el consumo (excesivo) de hidratos de carbono engorda –o no engorda– dependiendo del estado de salud de las personas. ¡Cuidado!, nadie está a salvo. Es cierto que los que están en forma y hacen ejercicio procesan adecuadamente los hidratos de carbono, pero si, a medida que pasa el tiempo, van cambiando sus hábitos de vida y dejan la práctica del ejercicio, sus cuerpos ya no metabolizarán los hidratos de carbono como antes. Y ellos también engordarán.

Por mucho que pongas un combustible de Fórmula 1 a un Seat 600, éste no funcionará mejor. En otras palabras, el problema es que tenemos cuerpos de Seat 600 y no transformamos nuestros cuerpos en motores más eficientes con lo que comemos, sino con lo que hacemos (haciendo ejercicio).

¡PONTE EN FORMA!

El hecho de que el exceso de hidratos de carbono origine una descarga de insulina para regular los niveles de azúcar en la sangre, incide de dos maneras en la formación y acumulación de grasa de tu cuerpo. Por una parte, la insulina transforma el azúcar que sobra en grasa. Por otra, reduce los niveles de azúcar en la sangre. Esta disminución rápida de glucosa afecta tu organismo que, al poco rato, vuelve a necesitar energía (azúcar): de ahí la sensación de hambre y los atracones. Te abalanzas sobre una tableta de chocolate o un plato de espaguetis (hidratos de carbono)... y vuelve a empezar el ciclo de almacenamiento de la grasa.

- **El consumo excesivo de hidratos de carbono eleva los niveles de insulina en la sangre.**
- **La insulina es una hormona de almacenamiento que convierte el azúcar que sobra en grasa almacenada.**
- **La única manera de controlar los niveles de insulina es controlando la cantidad de hidratos de carbono que ingieres en cada comida.**

✓ **Si quieres bajar los niveles de grasa debes controlar los niveles de azúcar en la sangre, es decir, el consumo de hidratos de carbono.**

La fibra

La fibra es muy valiosa para el organismo. Es la parte del hidrato de carbono que el cuerpo, por no tener las enzimas adecuadas, no puede digerir. Recorriendo el aparato digestivo para acabar en las heces, la fibra no aporta calorías al organismo y desempeña una función esencial: favorece el tránsito intestinal y provoca la aparición de bacterias buenas para el organismo. Las personas con una dieta rica en fibra no padecen dolencias tales como estreñimiento, hemorroides, y tienen menos riesgo de desarrollar un cáncer de colon. De modo que, si no vas al baño por lo menos una vez al día, te recomiendo que consumas 25-30 gramos de fibra diariamente (algo que no es tan fácil de conseguir tomando alimentos procesados).

Asimismo, la fibra hace que los hidratos de carbono se conviertan en azúcar más lentamente: evita por lo tanto las subidas repentinas de glucosa en la sangre así como la consiguiente secreción de insulina por el páncreas, por lo cual reduce las posibilidades de que se acumule el glucógeno bajo forma de grasa.

La fibra se encuentra en: **la fruta y las verduras, en el arroz integral, los cereales integrales, el pan integral. Te recomiendo que consumas mucha fibra, porque además de todas estas ventajas, la fibra presenta otra más, que te interesará si lo que quieres es perder grasa: la fibra hace que te sientas lleno antes, por lo cual comes menos e ingieres menos calorías**.

No tiene importancia la clase de hidratos de carbono, con fibra o sin fibra, sanos o malsanos: todos los hidratos de carbono son azúcar en la sangre. Son grasa en potencia. El cuerpo responde de la misma manera al azúcar de las verduras y de las frutas, que al azúcar de los caramelos y postres. La única diferencia radica en su contenido nutritivo y en el tiempo de digestión (transformación en azúcar en la sangre) de unos y de otros. Cuanto más alta sea la densidad nutritiva y más largo el proceso de transformación, menos posibilidades hay de que acaben almacenándose bajo forma de grasa. Por lo tanto:

Regla n.° 1: **Consume hidratos de carbono complejos**.

Los hidratos de carbono complejos tienen un mayor valor nutritivo y contienen fibra, por lo que el cuerpo tarda más en digerirlos y el azúcar llega a la sangre más despacio, evitando que se libere demasiada insulina.

Regla n.° 2: **Consume los hidratos de carbono en pequeñas cantidades y acompáñalos con proteínas y algo de grasa (una cantidad mínima)**.

Cuando las proteínas y la grasa acompañan los hidratos de carbono en el estómago, se ralentiza la digestión, lo cual hace que el azúcar se entregue a la sangre despacio y de modo continuo. El cerebro y los demás tejidos utilizan la glucosa a medida que se va liberando, y el páncreas no se ve obligado a segregar insulina para almacenar el exceso de azúcar. A la inversa, cuando una comida no contiene una proporción adecuada de proteínas y grasa para compensar los hidratos de carbono, el azúcar llega rápidamente a la sangre. El páncreas descarga insulina para intentar desesperadamente estabilizar los niveles de azúcar, y gran parte de estos hidratos de carbono se convierte en grasa.

El propósito de una dieta equilibrada es encontrar un equilibrio entre los distintos procesos que se producen en tu cuerpo para suministrar energía, estabilizar los niveles de azúcar en la sangre y quemar grasa. **Una dieta que conste de aproximadamente un 50 % de hidratos de carbono, un 30 % de proteínas y un 20 % de grasa (insaturada) funciona para la mayor parte de la gente**. Esta proporción corresponde a una alimentación «normal»: si la respetas, no pasarás hambre entre las comidas y notarás un nuevo bienestar en tu cuerpo.

Ejemplos	**Ejemplos de hidratos**
Hidratos de carbono simples (digestión rápida). SEGREGAN MÁS INSULINA.	**Hidratos de carbono complejos (digestión lenta). SEGREGAN MENOS INSULINA.**
Cereales en caja (excepto las que contengan un 15% de fibra).	Cereales integrales (avena, cebada...).
Pan blanco (procesado).	Pan integral (con fibra).
Arroz blanco (procesado).	Arroz integral.
Pasta blanca (procesada).	Pasta integral. Legumbres (lentejas, garbanzos...).
Bollos, cruasanes, churros...	Patata (cocida).
Dulces (caramelos, azúcar, miel...).	Fruta. Ensaladas, lechuga, tomate...

- **El cuerpo digiere las proteínas que consumimos y las convierte en aminoácidos.**
- **El cuerpo utiliza los aminoácidos como material de construcción para reparar y construir nuevas proteínas, músculos, huesos, cartílago, piel, células, hormonas...**
- **Las proteínas ayudan a controlar los niveles de azúcar en la sangre.**

Nuestro cuerpo está en un proceso continuo de renovación y regeneración. Pero, en especial si vas al gimnasio (espero que te haya convencido de la importancia de desarrollar tu masa magra, es decir, tu *motor*, tu *hoguera*), ¿de dónde crees que el cuerpo saca los ladrillos para hacerse más fuerte y más sano, y reponerse después del entrenamiento? De las proteínas.

Las proteínas abastecen el cuerpo con el material destinado al mantenimiento, crecimiento y reparación de los diferentes tejidos. Los músculos y los órganos, pero también los glóbulos rojos, varias hormonas, todas las enzimas (¿recuerdas que las enzimas se encargan de quemar la grasa?) o los anticuerpos del sistema inmune utilizan el material de construcción proporcionado por las proteínas. Este material de construcción se presenta bajo forma de aminoácidos, que son el producto final de la digestión de las proteínas.

Otra gran ventaja de las proteínas es que ayudan a controlar los niveles de azúcar en la sangre. Del mismo modo que los hidratos de carbono estimulan la liberación de insulina, las proteínas fomentan la secreción de otra hormona por el páncreas, llamada glucagón, cuya función es opuesta a la de la insulina: mientras la insulina favorece la formación de grasa, el glucagón la evita. Su papel consiste en extraer el azúcar almacenado, primero de los músculos y del hígado, luego de los depósitos de grasa (tripa, piernas...), para convertirlo en glucosa que será utilizada por el cerebro y el resto del cuerpo.

El ejercicio físico y las proteínas fomentan la liberación de glucagón por el páncreas. Por eso tienes que hacer ejercicios y controlar los niveles de azúcar en la sangre consumiendo proteínas de calidad.

Resumiendo: cuando los niveles de azúcar en la sangre son demasiado altos, el páncreas segrega insulina. Mientras la insulina sube, el glucagón baja y no tiene la posibilidad de cumplir con su papel, que es extraer la grasa y el azúcar de sus depósitos. En cambio, cuando los niveles de azúcar bajan, sube el glucagón. Primero, se dirige al hígado y extrae el glucógeno de sus depósitos, transformándolo de nuevo en azúcar que pueda utilizarse como combustible, y luego, si los niveles de glucógeno son demasiado bajos, saca la grasa de sus depósitos y la convierte en glucosa. Así es como el glucagón regula los niveles de glucosa en la sangre y te ayuda a luchar contra la grasa. **Mientras la insulina almacena energía en nuestros tanques de combustible, el glucagón ayuda a vaciar el tanque**.

LAS PROTEÍNAS QUE TE RECOMIENDO

Pechuga de pollo o pavo (sin la piel).
Pescado a la plancha.
Claras de huevo.
Batidos de proteínas en polvo.
Tofu.
Legumbres (lentejas, judías) mezcladas con arroz integral.
Carne sin grasa.
Productos lácteos desnatados.

Tu dieta diaria debe incluir aproximadamente un 30-40 % de proteínas. Lo ideal consiste en consumir **una porción** de proteínas de calidad junto con hidratos de carbono. La cantidad sí importa. Si te tomas tres pechugas de pollo en vez de una, por muy sano que sea el pollo, ¿qué crees que hace tu cuerpo con lo que sobra? Lo almacena. ¿Cómo? Bajo forma de grasa.

La grasa

Tu dieta alimenticia es baja en grasa y rica en hidratos de carbono complejos y fibra. Has decidido hacer ejercicio tres, cuatro, cinco, incluso seis veces a la semana, y cumples a rajatabla con tu compromiso. Pero, cuando te miras en el espejo, lo que ves no es lo que querías. ¿Por qué? Porque te han aconsejado mal. Los medios de comunicación hacen hincapié en las dietas ricas en hidratos de carbono y aconsejan comer menos proteínas, y suprimir definitivamente la grasa. La idea es que, si no comes grasa, no vas a producirla, de modo que no vas a engordar. La realidad es bien distinta. El hecho es que, si no comes grasa (en las proporciones adecuadas), lo más probable es que nunca pierdas grasa.

- **¿Si no comes grasa, no almacenas grasa? ¡Falso!**
- **Necesitas grasa porque es energía y proporciona al cuerpo dos nutrientes esenciales.**
- **Necesitas grasa; pero no mucha.**

Estamos obsesionados por la grasa de nuestros cuerpos y por la grasa en general, de modo que intentamos suprimirla a toda costa de nuestra alimentación. La grasa tiene mala fama y parte de ella está justificada: una dieta alimenticia rica en grasas, en especial grasas saturadas, no sólo hace que engordes, sino que también es perjudicial para la salud. La grasa es la gran culpable de las enfermedades cardiovasculares, determinados tipos de cáncer, y, por supuesto, de la obesidad.

Sin embargo, la grasa buena, es decir, insaturada, es imprescindible para el buen funcionamiento del organismo y también, aunque suene contradictorio, ¡para quitarte la grasa del cuerpo! Debes reducir tu consumo de grasa, no eliminarla completamente de tu dieta.

¿Para qué sirve la grasa aparte de hacer que nuestras carnes tiemblen al andar?

- **Es un componente de la estructura de las células del cuerpo.**
- **Constituye grandes reservas de energía (en tiempos remotos, estas reservas encontraban su utilidad en las temporadas de escasez de comida).**
- **Cubre y protege nuestros órganos vitales (como una almohada).**
- **Aísla nuestro cuerpo (nos mantiene «calentitos»).**
- **Mantiene la piel sana (las dietas muy bajas en grasa absorben el aceite de la piel, resecándola).**
- **Da sabor a los alimentos (con aceite o mantequilla, hasta un ladrillo sabe bien).**
- **Como las proteínas, la grasa ayuda a estabilizar los niveles de azúcar en la sangre, ralentizando la conversión de los hidratos de carbono en glucosa.**

La grasa tiene efectos nocivos tanto para tu salud como para tu figura cuando consumes grandes cantidades de ella y cuando privilegias las grasas equivocadas. En efecto, existen dos tipos de grasas: las **grasas insaturadas** (buenas para la salud, ¡pero que engordan si las consumes en exceso!) y las **grasas saturadas** (que rápidamente se depositan en las caderas, la tripa, el trasero). Obviamente, te aconsejo apartar de tu dieta las grasas saturadas, mientras no debes descartar las insaturadas.

Las grasas saturadas se encuentran en los productos de origen animal: productos lácteos enteros (quesos, natas, cremas), mantequilla, carnes grasientas como el cerdo o la ternera (la sustancia blanca que aparece en los filetes de ternera o en el cerdo es grasa). Por supuesto, todos los platos cocinados con grasa (mantequilla, nata...) contienen grasa.

Debes evitar las grasas saturadas. Suministran muchas calorías vacías y el hígado las utiliza para producir colesterol. Las dietas altas en grasas saturadas provocan pues un aumento del nivel de colesterol en la sangre, el cual, depositándose en las paredes de los vasos sanguíneos, está en el origen de graves problemas de salud.

Las grasas insaturadas se encuentran en el aceite de oliva, el aceite de onagra, los aguacates, el pescado. **Son buenas para el organismo**. Contienen ácidos grasos esenciales, es decir, nutrientes fundamentales que has de suministrar al cuerpo. Sin embargo, debes consumirlas **en cantidades moderadas**: con un par de cucharadas soperas de aceite de calidad al día o una ración de salmón tres veces a la semana, das a tu cuerpo los nutrientes que necesita. Si ingieres más de lo necesario, lo que no utiliza tu organismo se almacena en tus depósitos de grasa. **Tu consumo de grasa no debe superar el 20-25 % de tu toma diaria total de calorías.**

Recuerda: por muy sanos que sean los alimentos, si los consumes en exceso, acaban llenando tus depósitos de grasa. Ocurre con la misma grasa, los hidratos de carbono y las proteínas. Por eso insisto en que debes ingerir los alimentos en pequeñas cantidades a lo largo del día.

Muchas personas, equivocadamente convencidas de que si no consumen grasa no van a engordar, se empeñan en comprar alimentos *light*, «sin grasa» o con «sólo un 4 % de grasa», como rezan las etiquetas de los envases. Con ello enriquecen a los fabricantes, pero no compran en absoluto un seguro contra la grasa. En efecto, lo que estos alimentos artificiales pierden en grasa, lo ganan en azúcar y sustancias químicas, lo cual significa que: 1) contienen las mismas calorías (o incluso más) que los demás productos; 2) favorecen el proceso de almacenamiento de la grasa, siendo el azúcar el principal responsable de la liberación de insulina. Sin contar con que **la gente, al consumir alimentos *light*, se otorga la licencia de comer más cantidad, porque asume que no engordan. Pues sí, engordan**.

La grasa en sí tiene muy poca incidencia en la liberación de insulina. Son los hidratos de carbono los que estimulan la síntesis de esta hormona de almacenamiento de la grasa. Es fundamental guardar este principio en la mente. En los últimos diez años, se ha notado un incremento de un 30 % de la obesidad entre la población española. Que quede bien claro: la grasa no es la culpable. Lo es el consumo desproporcionado de hidratos de carbono. Fíjate en las vacas: los ganaderos no las engordan con mantequilla, sino con piensos ricos en hidratos de carbono (azúcar). La liberación continua y excesiva de insulina provocada por el consumo exagerado de hidratos de carbono es la mayor responsable de que España esté engordando.

5 pequeñas comidas al día en vez de 3

- **Comer bien significa hacer cinco comidas ligeras al día.**
- **El cuerpo no puede metabolizar más de 500-600 calorías de una vez.**

Los españoles tenemos la costumbre de hacer tres grandes comidas al día, o lo que es peor, dos grandes y una pequeña. La mayoría no desayunan, o desayunan un bollo o churros y un café con leche (es decir, nada), se van a trabajar, y cuando llegan las 14 h, están muertos de hambre. Así que se pegan un atracón, vuelta al trabajo, y no comen nada hasta la hora de la cena, donde se vuelven a atiborrar de comida. Evidentemente esta costumbre no tiene justificación científica alguna, al contrario, es perjudicial para nuestra salud, con efectos devastadores tanto a nivel anímico como físico.

Después de una comida rica en hidratos de carbono, el nivel de azúcar en la sangre alcanza sus máximos, por lo cual nos sentimos llenos de energía. Pero este efecto dura poco. El páncreas manda insulina a la sangre para contrarrestar los altos niveles de glucosa: el nivel de azúcar en la sangre disminuye drásticamente, parte de la glucosa se almacena en el hígado bajo forma de glucógeno y el resto se convierte en grasa. Las repercusiones a nivel físico son inmediatas: la reducción del nivel de azúcar en la sangre nos produce debilidad, cansancio y sensación de hambre. La comida siguiente, de nuevo rica en hidratos de carbono, vuelve a poner en marcha el nefasto proceso.

¿Te sigue pareciendo una manera sana de alimentarse la de comer tres veces al día? De verdad, no sé quién se ha sacado esta idea de la manga. Cuando se come de esta manera, el cuerpo se mantiene en un perpetuo estado de defensa, no aprovecha la energía que le suministras y acumula la grasa. El cuerpo funciona mejor cuando le vas proporcionando frecuentemente pequeñas cantidades de energía a lo largo del día. Si ingieres una mezcla adecuada de proteínas, hidratos de carbono y grasa cinco o seis veces al día, evitas estos procesos que suponen un desgaste para el cuerpo y mantienes los niveles de glucosa a un nivel satisfactorio durante la jornada, por lo cual tu organismo tiene suficiente energía a su disposición y no se ve obligado en ningún momento a convertir la glucosa sobrante en grasa. No te sientes cansado y no tienes hambre entre las comidas.

- **3 grandes comidas al día: MAL.**

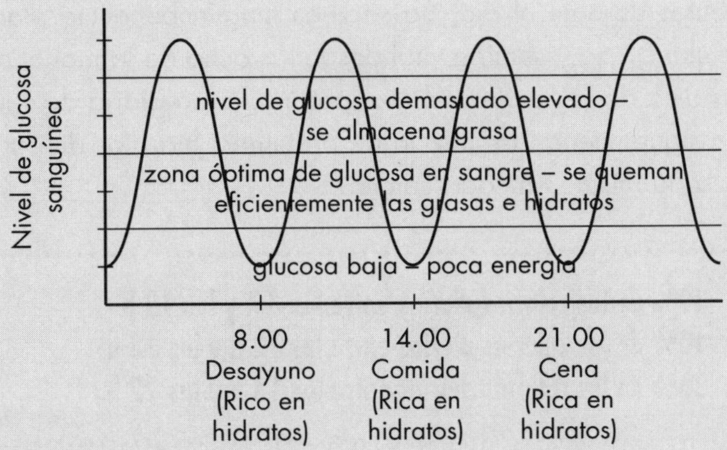

- **5 comidas ligeras y equilibradas al día: BIEN.**

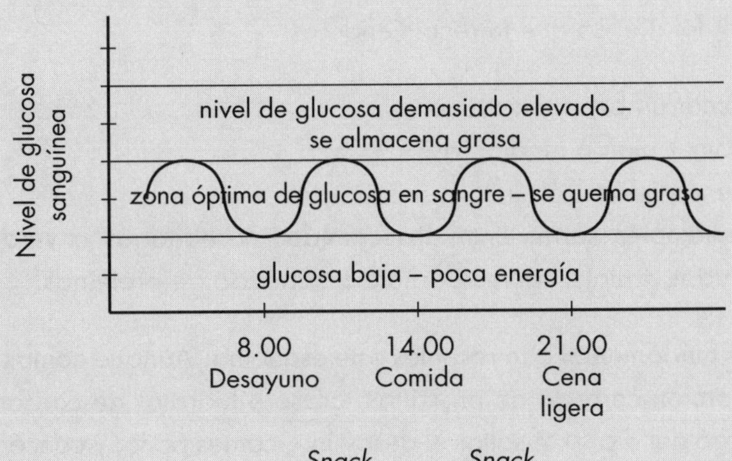

Planifica tus comidas

Ahora que sabes **qué comer**, debo explicarte **cuándo** y **cómo** debes hacerlo a lo largo del día. Aunque ingieras una cantidad correcta de calorías y una proporción equilibrada de proteínas, hidratos de carbono y grasa, si no repartes convenientemente tus alimentos durante el día, no sacarás ningún beneficio. Para no acumular grasa y sentirte vital desde las ocho de la mañana hasta las diez de la noche, debes repartir tu toma diaria de calorías como sigue, siendo la mezcla de proteínas, hidratos de carbono y grasa la misma en cada comida.

- **30% de las calorías diarias entre las 8 h y las 12 h.**
- **40% de las calorías diarias entre las 12 h y las 18 h.**
- **30% de las calorías diarias entre las 18 h y las 22 h.**

Si nos referimos a los gráficos anteriores, lo ideal sería pues hacer tres comidas ligeras al día, con un tentempié entre cada una de estas comidas para repartir el consumo de calorías a lo largo del día. Lo que te recomiendo es:

- Tomar un buen desayuno.
- Comer bien a mediodía.
- Cenar ligero.
- Tentempiés sanos entre las comidas: zanahorias o verduras crudas, fruta, yogures desnatados, batido de proteínas.

Es fundamental que respetes este esquema. Aunque comas una proporción correcta de proteínas, grasa e hidratos de carbono a lo largo del día, si te saltas el desayuno, comes poco, y concentras todo tu aporte energético en la cena, no perderás peso. Incluso engordarás.

Por la noche, tu cuerpo necesita muy poca energía. Si tu cena contiene muchas calorías, la mayor parte de ellas acabará depositándose en tu organismo bajo forma de grasa. En cambio, cuando te levantas por la mañana, te esperan largas horas de actividad. Si no desayunas o desayunas mal, empiezas el día con niveles de azúcar en la sangre demasiado bajos. Rápidamente se agota la glucosa de tu sangre, y te sientes cansado, irritable y hambriento. Tu organismo se ve obligado a convertir en glucosa el glucógeno almacenado en las reservas del hígado y de los músculos para abastecer el cerebro necesitado de energía. Incluso llega a utilizar las proteínas de los músculos como combustible, por lo cual el tejido muscular empieza a atrofiarse. En consecuencia, procesarás peor la grasa, de modo que tu cena fuerte de la noche te afectará todavía más. Una perspectiva espantosa, ¿verdad? Si desayunas mal y cenas mal, aunque la proporción de tus alimentos sea la correcta, te harás más gordo y más débil.

No desayunar o desayunar mal es así una mala costumbre que debes erradicar. Levántate media hora antes, pon la radio, siéntate, y disfruta de tu desayuno. Cenar demasiado es otro error. Deja de considerar la cena como una recompensa después de un duro día de trabajo. Este premio que te otorgas corre parejo con un amargo castigo: mientras duermes, tu organismo convierte en grasa las calorías de tu cena.

La forma ideal de alimentarse es en pequeñas cantidades, a lo largo del día, lo cual permite suministrar energía de modo constante al cuerpo, sin que éste tenga que almacenar el azúcar en exceso bajo forma de grasa y sin alterar demasiado los niveles de glucosa en la sangre.

Ahora que te he dado los principios básicos, saca tus propias conclusiones y planea tus comidas del modo que te sea más conveniente y beneficioso. También te recomiendo que vayas anotando lo que planeas comer cada día y lo que acabas comiendo. Para ello puedes usar una tabla como la de la página 302.

CONTROL DIARIO DE TU PROGRESO

Fecha	Día n.º
Porciones totales de proteínas: 6	Porciones totales de proteínas:
Porciones totales de hidratos de carbono: 6	Porciones totales de hidratos de carbono:
Vasos de agua: 10	Vasos de agua:
TU PLAN	EN LA PRÁCTICA...
Comida 1	Comida 1
Hora:	Hora:
Comida 2	Comida 2
Hora:	Hora:
Comida 3	Comida 3
Hora:	Hora:
Comida 4	Comida 4
Hora:	Hora:
Comida 5	Comida 5
Hora:	Hora:
Comida 6	Comida 6
Hora:	Hora:
NOTAS	

Importa más la calidad que la cantidad

Muchas son las personas que se equivocan al creer que comen bien porque comen poco. No importa tanto la cantidad como la calidad. El comer bien te puede ayudar tanto o más que lo que te daña la comida mala. Aunque evitar las comidas malas es un elemento imprescindible de una alimentación sana y equilibrada, comer buenos alimentos es otro factor que no se debe perder de vista. ¿Por qué? Porque los nutrientes regeneran el cuerpo, y si no se los proporcionas, funcionará cada día peor. Si se los suministras, aunque también, por circunstancias ajenas –o no– a tu voluntad, comas alimentos malos, llenos de calorías vacías, por lo menos habrás cumplido con tu deber: tu cuerpo tendrá abastecidas sus necesidades básicas.

He aquí un ejemplo. Por la mañana, yo desayuno copos de avena, leche de soja, un zumo de fruta, cereales y un complemento multivitamínico. Nada más empezar el día, he suministrado a mi cuerpo todo lo que necesita. Si a lo largo de la mañana me tomo un café con leche y un cruasán (calorías vacías), no me hará tanto daño como a otra persona que sólo haya desayunado leche con galletas. Puedo permitirme el lujo de dejarme seducir por unas tostadas con mermelada, porque estoy en forma y ya he dado a mi cuerpo elementos de construcción que puede utilizar.

A la inversa, muchas amigas mías no desayunan o desayunan mal (alimentos de baja densidad nutritiva), por lo cual también comen mal porque se mueren de hambre y se abalanzan sobre los platos que más calorías llevan (espaguetis a la carbonara, filete con patatas fritas), y luego a veces se toman un refresco y un bollo por la tarde. Entonces deciden saltarse la cena, convencidas de que así van a compensar sus abusos del día. No, no vale. Aún más: su modo de actuar es extremadamente perjudicial para su cuerpo. No sólo le hacen daño con alimentos malos, sino que también le niegan los alimentos buenos que necesita. **Es peor no dar a su cuerpo lo bueno que suministrarle lo malo**.

Cuidado con las raciones

Mientras en determinadas partes del mundo, poblaciones enteras padecen terribles hambrunas, en nuestros países está extendida la nefasta costumbre de comer demasiado. No hablo de las comilonas que acompañan los grandes acontecimientos sociales, sino de nuestra alimentación cotidiana: las cantidades de alimentos que echamos en nuestros platos superan con creces las necesidades reales de nuestros cuerpos. Por eso me gustaría aclarar el término «ración», siendo la ración la referencia que permite determinar la cantidad correcta de alimentos que debemos ingerir en cada comida.

Cuando antes decía que es mejor comer 5 o 6 veces al día, es obvio que no se trata de cinco comilonas sino de comidas pequeñas (raciones de 600-800 calorías).

Por ejemplo, si te digo que el pollo (proteínas) y las legumbres (hidratos de carbono) constituyen una comida sana y equilibrada, me refiero a una ración de pollo y una ración de legumbres, esto es, una pechuga de pollo con una cantidad razonable de arroz. Si te tomas dos pechugas de pollo y un plato enorme de arroz, es demasiado: **el hecho de que sean alimentos sanos no significa que no engorden**. Si suministras a tu cuerpo mil calorías de golpe cuando sólo necesita quinientas, ¿qué hace con las quinientas que sobran? Las almacena en tus depósitos de grasa, por muy sanas que sean. Lo que importa no es comer mucho, sino dar a tu cuerpo lo que necesita: comer calidad.

Si quieres rebajar los niveles de grasa:

1. Reparte convenientemente el consumo de calorías a lo largo del día.
2. Haz cinco comidas al día.
3. Come pequeñas cantidades.
4. Come más calidad que cantidad.

EJEMPLO

Juan quiere perder grasa. Se está poniendo en forma, hace ejercicio, y necesita 1.500-1.800 calorías diarias.

Desayuna en una cafetería un bollo (o una tostada, un cruasán...) y un café con leche (la leche de las cafeterías suele ser entera).
=> 600 calorías.
¿Qué le ha aportado a su cuerpo? Nada. De modo que, aunque ha ingerido 600 de las 1.800 calorías que le corresponden para un día entero, está que se muere de hambre al llegar la hora de la comida. No puede resistir la tentación: pide un filete con patatas fritas y pan (para mojar en la salsa), y termina con postre y café.
=> 1.000 calorías... y muy pocos nutrientes.
La densidad nutritiva de este tipo de comida es casi nula.
Juan no ha cenado todavía y ha consumido ya su cantidad diaria de calorías, sin proporcionar a su cuerpo los nutrientes que necesita, por lo cual llegará a la hora de cenar con mucha hambre. Sin embargo, cene lo que cene, ingerirá calorías extra que se acumularán en su cuerpo en forma de grasa.

Es imposible que Juan, por mucho ejercicio que haga, consiga bajar sus niveles de grasa. Sus comidas, demasiado ricas en calorías y bajas en nutrientes, no tienen la densidad nutritiva suficiente.

Compra la comida en función de las necesidades de tu cuerpo

Consejo 1: llena tu despensa y tu nevera de alimentos sanos: pechugas de pollo, lentejas, arroz. No compres galletas, bollos, latas... De este modo, si te entra hambre, te la quitarás con alimentos sanos. Si la tentación está bajo tu propio techo, es muy difícil que la resistas, por lo cual cuantas menos tentaciones en casa, mejor. Recuerda lo que te he dicho antes: reserva las comidas ricas en calorías vacías para ocasiones especiales, y cuando estás en tu casa, come bien.

Consejo 2: si no quieres llenar tu carrito de la compra con comida basura, no vayas al supermercado con hambre. ¿Por qué? Porque si vas a comprar con el estómago vacío y protestón, lo más probable es que te dejes tentar por platos precocinados y envasados, bolsas de patatas fritas o galletas.

Evita los alimentos procesados

- **Lo que comes no siempre es comida.**
- **Una vez procesados, los alimentos pierden su calidad nutricional.**

Lo que comes no siempre es comida: es «seudocomida». No alimenta tu cuerpo como éste lo necesita. Si observas lo que presentan las estanterías de los supermercados, comprobarás que, más que nunca, comemos comida basura: alimentos procesados y manipulados por el hombre que han perdido su calidad nutricional, si es que la tenían. El arroz es un ejemplo de ello; en su estado más puro, tiene un color marrón. Pero el color blanco es más atractivo y se supone que el arroz refinado sabe mejor que el integral, por lo cual se somete este alimento con alta densidad nutritiva a un proceso industrial que, al mismo tiempo que cambia su color y su sabor, le quita la fibra y la vitamina B, esenciales para el organismo. El arroz que se obtiene ha perdido todas sus propiedades nutritivas. El hombre, en su afán de dejar su impronta en la naturaleza, convierte un producto nutritivo de calidad en un producto nada nutritivo. Hace que el cemento se convierta en paja.

Más del 75 % de los productos alimenticios vendidos en los supermercados españoles no tienen ningún valor nutricional o contienen elementos tóxicos. Evítalos todo lo que puedas. No son comida. Cuando comes yogures con sabor a limón, piensa que el supuesto limón no es más que una mezcla de elementos químicos dañinos para tu organismo. Antes de coger una caja de cereales, recuerda que estos cereales han perdido gran parte –si no todos– de sus nutrientes en el proceso de acondicionamiento. Estos alimentos procesados que forman lo esencial de nuestra dieta huelen a comida real, saben a comida real, pero no son comida real. Mientras nuestro paladar no lo diferencia, nuestro cuerpo bien que lo hace y almacena esta comida vacía en nuestras caderas, muslos, tripa, kilo tras kilo.

Sé consciente de que lo que te venden los supermercados pocas veces es sano. Vuelve al mercado y compra alimentos frescos.

¿Necesitas complementos?

- **Hoy en día no es nada fácil asegurarse de que nuestra alimentación diaria nos proporcione todo lo que nuestro cuerpo necesita. Por eso no dudes en tomar complementos vitamínicos o minerales.**

En teoría, comiendo productos sanos y frescos, deberíamos poder sacar de nuestra alimentación cotidiana todos los nutrientes necesarios para estar en forma. Pero la realidad es bastante más compleja. Ya hemos visto que nuestra actividad física es menor que la de nuestros antepasados, por lo cual necesitamos menos calorías. Esto significa que debemos encontrar una manera de conseguir la misma cantidad de nutrientes esenciales a partir de raciones más pequeñas (con menos calorías). Pero nuestro estilo de vida atareado fomenta todo lo contrario: ¿Quién come a diario fruta, hortalizas, ensalada, leche desnatada, carne magra, pechuga de pollo, pescado o legumbres? La mayoría de nosotros no tenemos tiempo de prepararnos una comida decente y sana todos los días... y comemos en el restaurante de comida rápida de turno. Patatas fritas grasientas, hamburguesas sin nutrientes..., lo que damos a nuestro organismo es paja, calorías vacías.

Es más: cuando comemos platos caseros en nuestro dulce hogar, tampoco suministramos a nuestro cuerpo el material de construcción que necesita. El proceso industrial de los alimentos, así como nuestra manera de preparar la comida, destruye gran parte de los nutrientes, de modo que es cada vez más difícil obtener la Cantidad Recomendada Diaria (CRD) de vitaminas a partir de nuestra alimentación cotidiana, si no es acudiendo a los complementos vitamínicos y minerales. En una época en la que los alimentos están perdiendo cada vez más su calidad alimenticia, dichos complementos cobran un valor de seguro contra la malnutrición.

En este contexto, son cada vez más los expertos que reconocen la necesidad de los complementos. Anteriormente convencidos de que la única manera de aportar al cuerpo todos los nutrientes que necesita era alimentándose bien, están cambiando de opinión. Fíjate: incluso han llegado a la conclusión de que, aunque vivieras en una granja biológica, no podrías conseguir de los alimentos que produces todas aquellas vitaminas que necesitas. También tendrías que tomar complementos, pero verás que no son un seguro contra la malnutrición.

Personalmente, debo reconocer que no me gusta cocinar. Es más: lo odio. Cuando lo intento, lo ensucio todo. Parece que un vendaval ha arrasado la cocina. Además, no me gusta que mi casa huela a comida. Por eso, en dos de mis cinco comidas diarias, procuro consumir **un batido vitamínico-mineral**. Un batido vitamínico-mineral equivale a una comida, pero la ventaja que tiene para la gente que, como yo, es un verdadero desastre en la cocina, es que se presenta bajo forma de polvos en sobres. Lo único que tengo que hacer es añadir un poco de leche desnatada o agua y... *voilà!* En dos minutos, tengo mi comida equilibrada, con la mejor proteína y todo tipo de vitaminas y minerales..., ¡con sólo 250-300 calorías! Esto sí que es densidad nutritiva.

Con dos batidos al día, sé que doy a mi cuerpo el material de construcción que necesita, por lo cual puedo estar más relajado en las otras tres comidas y, aunque siempre intento comer verduras, ensalada y frutas, no me preocupo si, por cualquier razón que sea, no puedo hacerlo.

Si crees que seguir una dieta perfectamente sana y equilibrada es lo más difícil de mi método, te recomiendo que sustituyas una de tus comidas diarias por un batido vitamínico-mineral. Rico en nutrientes y bajo en calorías, fácil de preparar y de consumir, con un sabor agradable, el batido vitamínico-mineral es el alimento perfecto de la gente activa que se preocupa por su salud.

¿Entendido? No hay alimentos que engorden y otros que no. Depende de tu alimentación global y de tu estilo de vida. No hay alimentos prohibidos. Hay costumbres nefastas.
Ponte en forma, déjate de rollos y disfruta de la vida.

RECUERDA

- **No estás gordo porque comes mucho. Estás gordo porque quemas mal la grasa, y quemas mal la grasa porque no estás en forma.**
- **Consideras tu cuerpo como un mero apéndice molesto de tu cabeza.**
- **Has de convertir tu cuerpo «Vespino» en cuerpo «Mercedes»: no lo conseguirás con dietas-relámpago y otros atajos inútiles. Lo conseguirás con la práctica regular de ejercicio físico y una alimentación sana y equilibrada.**
- **Desengáñate: haces menos ejercicio de lo que crees, y comes más de lo que crees.**
- **El problema no es el sobrepeso. El problema es la sobregrasa.**
- **El peso no es un indicador de buena o mala salud: la delgadez no es sinónimo de salud.**
- **Puedes pesar 70 kg y ser todo grasa. Puedes pesar 70 kg y tener un cuerpo tonificado. Ésta es la diferencia entre estar en forma y no estar en forma.**
- **Si pretendes no engordar llevando una vida sedentaria, lo que te espera son privaciones y un cuerpo blando y poco tonificado.**
- **Lo difícil no es perder peso. Lo difícil es no recuperarlo de vuelta.**

- Engordas y bajas de forma física porque envejeces. Envejeces porque engordas y bajas de forma física.
- Hay que diferenciar la edad cronológica y la edad biológica: puedes tener 30 años con un cuerpo de 50, o 60 años con un cuerpo de 40.
- Existe una estrecha relación entre tu salud física y tu bienestar mental y espiritual.
- Sin lugar a dudas el ejercicio es el ingrediente fundamental de la receta, nada milagrosa, para quitarte las chichas, los michelines y cualquier otra flaccidez del cuerpo. «Comer sano» es necesario pero no suficiente.
- Hacer ejercicio es tan bueno para la salud que, si pudiera venderse en forma de pastilla, sería la píldora más prescrita en todo el mundo.
- No importa ni la edad, ni si eres hombre o mujer, ni el estado físico en que te encuentres: nunca es tarde para empezar.
- Tu objetivo debe ser el siguiente: perder grasa a la vez que mejoras tu forma física.
- No pienses en las calorías que estás quemando mientras haces ejercicio. Piensa en los cambios metabólicos positivos que conlleva.
- Un cuerpo sano quema los alimentos en vez de almacenarlos y producir grasa.
- No hagas deporte para ponerte en forma. Ponte en forma para hacer deporte.

AGRADECIMIENTOS

«Cuando conozcas a alguien, recuerda que es un encuentro sagrado. Como le trates, te tratarás a ti mismo. Como pienses de él, pensarás de ti mismo. Nunca olvides esto, porque en él te encontrarás o te perderás a ti mismo.»

MARIANNE WILLIAMSON

Thank you

Como todo lo que de verdad merece la pena en la vida, acabar este libro ha sido DIFÍCIL. Pero, cuando me quedaba estancado, sin ideas, sin encontrar el modo de transmitir mi mensaje para que llegara al corazón de mis futuros lectores (lo cual ocurría a menudo), casi a punto de tirar definitivamente la toalla, en mí se hacían eco las palabras con las que suelo animar a mis clientes: «tú puedes», «no abandones», «persevera», «disfruta del proceso»..., «acaba lo que empiezas».

Estoy convencido de que un libro como éste nunca habría tenido salida hace unos diez años, cuando la mayoría de la gente todavía desconocía la conexión que existe entre salud y modo de vida. Entonces, casi nadie era capaz de diferenciar grasa e hidratos de carbono, unos pocos «originales» se preocupaban por la composición de los alimentos procesados que llenaban las estanterías de los supermercados, y el ejercicio físico se consideraba un lujo superfluo reservado a los excéntricos californianos. Afortunadamente, hoy en día, la realidad es muy distinta. Creo que, por fin, muchas son las personas que se han concienciado de que su salud y bienestar son su propia responsabilidad, y están dispuestas a realizar cambios importantes en su vida: transformar sus hábitos alimenticios, incluir el ejercicio físico en su rutina, aprender a valorar positivamente tanto lo que son como lo que hacen. El presente trabajo es una humilde aportación a esta nueva conciencia que está despuntando. Es mi granito de arena en el camino que conduce al bienestar físico y a la paz interior.

Ahora me toca dar las gracias a todas aquellas personas que me han acompañado a lo largo de esta nueva experiencia que empezó hace ya un par de años. Me han comprendido, me han apoyado y ocupan un lugar especial en mi corazón. Sin todas ellas este libro no existiría.

En primer lugar, quiero agradecer a Sophie Courgeon. Su colaboración fue esencial. Hoy puedo confesárselo: cuando me la presentaron, tuve mis dudas, por dos razones: es francesa y estaba totalmente ajena al mundo del *fitness*. Durante todo este tiempo en el que hemos trabajado juntos, mis temores han desaparecido por completo. He podido comprobar que su castellano no tiene absolutamente nada que envidiar al nuestro, y creo que he conseguido una increíble hazaña: convencerla de que el ejercicio físico debería formar parte de su vida. Sophie, gracias por la paciencia que has tenido conmigo a lo largo de estos meses de citas semanales en todo tipo de cafés más o menos ruidosos. Gracias por no quejarte de mis apuntes en sucio y de mi desorganización visceral, por poner orden en mis ideas, por entender mi filosofía de vida y mi pasión por el *fitness*, y ayudarme a transmitirlas con las palabras adecuadas. Por cierto: ¿cuándo vas a anunciarme que te apuntas al gimnasio?

A Cathy Sassin, por todos sus inestimables consejos sobre alimentación y ejercicio. Ella fue quien me enseñó el arte de transformar el cuerpo y la mente mediante el *fitness*. Cathy, gracias por todo y por la amistad que nos une desde hace quince años.

Al doctor Richard Merkin, mi jefe durante diez años, cuyas enseñanzas nunca olvidaré. No sólo me refiero a los conocimientos de medicina que me proporcionaste, Richard, sino a algo más profundo: gracias a ti, aprendí a saber aceptarme a mí mismo.

A Ramón Madariaga, *manager*, amigo y compañero de fatigas, por compartir mi visión y hacer que me sienta un poco más acompañado en el camino.

Y gracias a todos aquellos que, cuando volví de Los Ángeles con la esperanza de compartir mi pasión por el *fitness*, me dijeron que el ejercicio físico y los gimnasios nunca se pondrían de moda en España: me han enseñado lo importante que es tomar decisiones basándose en la intuición a pesar de la opinión popular.

Pero sobre todo, quiero manifestarles mi más sincera y profunda gratitud a todos aquellos que me han ayudado con su amor incondicional desde el principio.

A mi familia, de la cual por fin puedo disfrutar, después de vivir veinte años al otro lado del Atlántico.

A mi madre, por hacerme sentir escuchado, apoyado y comprendido en los momentos más difíciles de mi vida. Mamá, muchísimas gracias por acordarte siempre de mi santo y de mi cumpleaños, estuviera donde estuviera, a pesar de los miles de kilómetros que nos separaban.

A la persona más fuerte y más en forma de toda mi familia, mi hermano Mauricio. Mauricio, si hubieras sido futbolista, seguro que tu velocidad y fortaleza le habrían dado envidia al mismísimo Roberto Carlos.

A mi padre, por inculcarme el tenis y el deporte desde muy pequeño. Gracias a ello, me he recorrido el mundo entero con la raqueta en la mano.

A mi hermano Javier, por todos aquellos años tan especiales que hemos pasado juntos (... aunque por todas las palizas que me has dado en la pista de tenis, casi no te menciono).

A mi hermano Jorge, a mi hermana Myriam y a mi sobrino Jaime.

A mis primas Toti Muguiro, Carmen e Isabel Sartorius: *you are really special.*

A mi amigo y entrenador de tenis en España, Álvaro Chávarri (sí, yo también tengo entrenador).

A mis amigos y compañeros de *paddle* y tenis, Juan Fontán y Javier Arenzana.

También le estoy muy agradecido a Aniceto Álvarez y su escuela de tenis en el Club Internacional de Madrid.

A Elisa Correa de la Mota, Relaciones Externas del Club de Campo, por ofrecerme sus instalaciones para que entrenara a Tom Cruise en el verano de 2000.

A Richy Castellanos, gran relaciones públicas y amigo.

Al gimnasio Palestra de Madrid y a todos sus empleados por darme la oportunidad de trabajar ahí y hacerme sentir como en mi propia casa. Un recuerdo especial para todos mis compañeros entrenadores, así como para Javi y Luismi, por sus extraordinarios zumos y por darme una comida tan sana.

Y por último, a todos mis clientes, tanto por depositar su confianza en mí como por lo que he aprendido de ellos. Cada persona es un misterio, y con todos y cada uno de vosotros he aprendido un poco más de la vida. *THANK YOU ALL.*